KB264808

그리스도인의 행복한 가정생활

최정성 지음

그리스도인의 행복한 가정생활

최정성 지음

좋은 책으로 하나님의 사람을 만들어가는

엘   맨

머리말

현대 가정의 문제점

현대 가정은 많은 문제점을 안고 있습니다. 현대 사회는 기계화, 산업화 그리고 도시화의 과정에서 물량적인 발전을 이루었으나 기계가 시키는 대로, 조직이 명하는 대로 움직이고 있습니다. 인간의 주체적 결단이 무시되고 단지 기능적이고 효율적인 인간이 되도록 강요당하는 비인간화의 풍조가 만연되고 있습니다.

대가족제도가 핵가족제도로 기본적 인간 공동체가 새로운 집단체제로 변함에 따라 가정의 독립성과 자주성이 상실되어 가고 있습니다. 가정의 기능이 쇠퇴되고 부권 중심의 가족제도가 붕괴되어 가정 자체가 흔들리고 있으며, 세대 간의 대화 단절, 가정 부재, 교육 부재 현상이 일어나고 있습니다. 한국의 전통적 가족구조도 서구 문화의 영향을 받아 변모해가고 있습니다. 이러한 과정에서 젊은이들은 한 가문의 혈통 계승, 재산 상속, 노부모 봉양의 수단으로 구속당하려 하지 않으며 개인주의, 실리주의에 흘러 청소년 범죄가 날로 격증하고 포악해지고 있습니다. 이런 상황에서 어떻게 세대차를 줄이며 인격적인 대화를 통하여 자녀들이 신앙의 눈으로 세계를 바라보며 기독교적 가치관, 인생관, 세계관을 수립하도록 도울 수 있을까? 또한 어떻게 부부가 도구화, 종속화가 아닌 경험을 공유하며 동반자로서 함께 책임을 분담할 수 있을까? 어머니의 사회진출, 근로여성의 증가에 따르는 직장과 가정의 양립문제를 어떻게 해결할 수 있을까? 이렇듯 현대 가정에는 많은 문제점들이 있습니다.

또한 부모는 가정에서 가르쳐야 할 책임을 회피하고 있습니다. 심리학자들은 자녀에게 부모의 신념을 부당하게 주입해서는 안 된다고 합니다. 부모는 자녀를 기르는 데 있어 지나치게 권위적이거나 독단적이지 않도록 조심해야겠지만 꾸준히 가르치는 일을 계속해야 하는 것입니다.

기독교 가정에서 기독교적 교훈이 쇠퇴하게 된 것은 온 가족이 다 같이 분주하기 때문이기도 합니다. 인간의 마음을 끄는 가시적인 것이 너무 많기 때문에 신앙적인 것은 뒤로 미루게 됩니다. 빠른 움직임 속에 살고 있는 현대인의 생활은 종교와 같은 심오하고 위대한 인생문제를 사색하고 토의할 여유가 없는 것입니다. 이상에서 본 바와 같이 여러 요인들이 얽혀서 가정은 기독교적 의의를 상실하게 되었습니다.

기독교 가정의 중요성

가정은 하나님의 창조질서에 의해서 형성된 것으로써 한 인간이 출생하는 첫 무대요 마음과 몸이 함께 눈뜨는 온상입니다. 인간은 생존에 필요한 선악의 과정들과 영적 실제들을 가정에서 체험합니다. 건전한 가정에서는 상하고 깨진 고달픈 마음이 사랑으로 감싸지고 자기가 귀중한 존재라는 긍지와 자부심을 갖도록 격려를 받으며 자신이 이해되고 용납받고 있다는 확신을 얻을 수 있습니다.

그러나 현대인의 고민은 인간 존재의 마지막 교두보인 가정이 근본적으로 흔들리는 데 있습니다. 가정까지도 조건적 이익사회, 기능사회의 차원으로 타락하고 있기 때문입니다. 그리스도인은 일생을 지배할 정서, 신앙, 인격의 바탕을 제공하는 가정의 중요성을 재인식하고 그리스도를 중심으로 그의 뜻을 견고하게 세우고 실천하는 가정, 예배를 통하여 삶의 방향을 찾고 신앙 속에서 자신을 정립하며 이웃과 더불어 사는 가정을 재건해야 합니다.

미국의 기독교 교육자 하워드 핸드릭스(Howard Hendriks) 박사는 기독교 가정의 부모들이 성서적인 측면에서 자녀를 어떻게 이해해야 하는 가에 대해서 아래와 같이 말하고 있습니다. 첫째로 자녀들의 종교성을 이해하고 있어야 합니다. 하나님께 자녀를 위탁받은 청지기로서의 부모는 소유권을 주장할 수 없습니다. 다만 충성스러운 관리의 책임뿐입니다. 그러므로 자녀들이 하나님을 알고 구원받고 교회 안에서 말씀을 통해 양육될 수 있도록, 그리고 하나님의 영광을 위해 살아가도록 해야 합니다. 둘째로 자녀들의 창조성을 키워주며 교육적 요구에 응답하는 성실한 교사가 되어야 합니다. 부모의 인격은 자녀에게 절대적인 영향을 주므로 부모 자신들이 하나님과 올바른 관계를 맺고 생활을 통해 자녀들의 인격형성에 본이 되어야 합니다.

호레이스 부쉬넬(Horacd Bushnell)은 어린이를 영적으로 갱신되는 가능성 있는 존재로 보았습니다. 그러므로 어린이의 영적 가능성을 자유롭게 성장시키기 위해서는 아래의 조건을 갖추어야 합니다.

첫째, 부모들이 먼저 하나님을 사랑해야 합니다(신 6:4-5). 신명기에 기록된 유대인의 자녀교육과 장(場)인 쉐마의 첫 조건은 부모들이 신앙적 모범을 보일 것을 강조합니다.

둘째, 말씀을 통하여 자녀에게 하나님을 소개해야 합니다(신 6:6-7). 여호와를 아는 것이 지식의 근본이므로 자녀 양육은 하나님의 말씀으로 해야 합니다.

셋째, 가정의 분위기를 신앙적으로 이끕니다(신 6:8-9). 분위기는 말보다 더 큰 영향을 주므로 부모의 애정과 보호는 자녀에게 하나님의 사랑과 보호를 깨닫게 하며 가족 간의 우의와 정의는 세계 인류는 한 형제라는 정신과 동족애를 갖도록 해줍니다.

따라서 기독교 가정은 항상 그리스도 안에 나타난 믿음의 생동력을 지녀야 하는 것입니다. 그리스도인의 성장방법을 잘 알아 지속적으로 기

도하고 성서를 연구하며 가정을 교회의 친교관계의 일부가 되게 하여
보다 큰 구원의 공동체인 교회와의 관계에서 능력을 받을 때 바람직한
가정생활을 계속 영위할 수 있게 될 것입니다.

지은이 최정성

차   례

제 1 장 가정에 대한 역사적 고찰

가정은 하나님이 이루어주신 인간의 가장 기초적이고도 핵심적인 공동체입니다(창 2:18-25). 가정이 모여서 지역사회를 이루고 지역사회는 국가를, 국가는 대륙을 그리고 그 대륙들이 모인 전체가 바로 인류가 사는 지구입니다.

지구상에 사회의 여러 공동체들 중에서 가장 이상적인 작은 모임은 바로 하나님이 제정하신 가정입니다. 이 작은 모임 안에서 각 사람들은 서로를 염려하고 일을 분담하며 인내하고 허물없이 지내며 정을 나눔으로써 삶의 기초를 마련합니다.

이와 같이 가정은 인류사회의 기초이며 하나님께서 세우신 단위로서 개인이 사회 안에서의 자기 역할을 배우고, 어른으로서의 자기 책임을 받아들이는 것이 바로 이 가정 안에서 가능합니다. 가정은 가족들이 하나님께서 각자에게 맡기신 역할을 감당하면서 만족을 찾을 수 있는 장소인 것입니다.

우리는 이제 가정의 기원과 정의에 대하여 살펴보고자 합니다.

Ⅰ. 가정의 기원과 정의

1. 가정의 기원

창세기에는 하나님의 천지창조의 최고 결정인 인간의 창조기사가 기록되어 있습니다. 창조하시는 여섯째 날에 하나님은 "우리의 형상을 따라 우리의 모양대로 우리가 사람을 만들고 그로 바다의 고기와 공중의 새와 육축과 온 땅과 땅에 기는 모든 것을 다스리게 하자"(창 1:26)고 말씀하셨습니다.

인간은 하나님의 형상대로 지음 받았습니다. 인간을 창조하신 다음 하나님은 남자와 여자를 축복하시고 말씀하셨습니다.

"생육하고 번성하여 땅에 충만하라"(창 1:28). 그래서 성서에 의하면 인간에 대한 하나님의 첫 명령은 남녀의 결합과 또 그 결합에서 비롯되는 자녀의 생산에 관한 말씀이었습니다. 가족이라는 집단이 이 세상에 생기게 되자 남자와 여자는 부부로서 또한 자녀의 부초로서의 삶이 시작됩니다.

창세기 2장에서 보면 하나님이 흙으로부터 사람을 만드시고 생기를 그 코에 불어 넣으시니 사람이 생령이 되었다는 사실을 기록하고 있으며(창 2:7) 아담이 에덴동산 안에서 독처하는 것이 좋지 못하여 아담의 갈비뼈 하나를 취하여 그를 돕는 배필 하와를 만드사 한 가정을 이루게 하셨습니다. 그리하여 남자와 여자가 결합으로서 비로소 온전한 존재가 되고 한 가정을 이루었습니다. 아담은 그 연합의 뜻을 "이는 내 뼈중의 뼈요 살중의 살이라"(창 2:23)고 표현했습니다.

이렇게 가정의 기원은 하나님의 인간 창조와 결혼을 통해서 이루어지게 되었습니다.

2. 가정의 정의

Webster 사전은 가정이란 의미로서의 family를 "그 핵으로서 함께 생활하는 둘 혹은 그 이상의 성인들이 있으며 자녀들의 자녀 혹은 입양된 자녀를 보살피고 양육함에 있어서 협동하는 사회의 기본적인 단위"라고 정의합니다.

가정은 부모와 그 자녀가 모여 가족관계를 이루고 일정한 주기에서 계속적인 공동생활을 영위하는 장소와 상태를 가정이라 합니다. 또한 가정은 가족들이 애정 중심으로 공동생활을 행하는 곳을 말하며 가정생활은 사회생활과 밀접한 관계를 맺고 있습니다.

가정은 가족이 안주할 수 있는 장소이며 심신의 피로를 풀 수 있고 휴식과 사랑이 있는 따뜻한 보금자리를 의미합니다.

3. 가족의 개념

가족이란 일반적으로 동일한 가정에 공동으로 주거하면서 소비생활을 영위하는 친족 공동체로서 전체 사회에 대해 하나의 통합된 부분적 사회집단 사회체제입니다.

가족이란 부부와 자녀로 구성된 기본 사회집단입니다. 애정의 혈연집단이며 동거동재 집단이고 그 가족만의 고유한 가풍을 갖는 문화집단입니다. 그리고 가정생활을 통해 인간의 기본적 인성이 형성되므로 인간 발달의 근원적 집단입니다.

가족이란 영어 표현은 Family입니다. Family의 어원은 라틴어 famila인데 이 단어는 본래 한 주인에게 속하였던 노예들의 종자를 뜻하였습니다. 광의의 의미에서 family는 가족을 뜻하였고, 후대에 내려오면서 더욱 제한된 핵 3인조(아버지, 어머니, 자녀들)를 뜻하는 명칭이 되었습니다.

Webster 사전에는 "한지붕 밑에서 그리고 통상 한 가장 밑에서 생활하는 개인들의 집단"이라고 정의하였습니다.

II. 가정에 대한 역사적 고찰

가정은 사회의 단위이므로 가정의 역사를 알아보려면 사회의 변천과 함께 고찰해야 합니다.

1. 원시사회의 가정

원시사회에서 가정생활이 영위된 사실은 문헌상에 명백히 남은 것이 없습니다. 그 당시의 주거생활을 통해 추측할 수 있습니다.

그 당시 주거지는 굴혈주거로써 대부분 해안 가까이 다소 높은 홍적대지에 만들어졌으며 차츰 깊숙한 대지나 구릉 밑 샘터 주변에 만들어졌습니다. 동굴의 모양은 모서리가 둥근 방형이 더 오래된 것이고 타원형이나 원형의 것은 새로운 것으로 여겨집니다.

이때는 화조중심의 가정생활이 시작되었습니다. 원시사회에 있어서는 같은 생업으로 동일지역에 거주하였으므로 지역적인 집단사회가 성립되었습니다. 그들은 공통된 언어를 사용하였을 것이고 가정과 가정 사이에는 혈연관계가 있었으며 생활상의 협동에 의하여 결합되었고 이 집단사회가 씨족제도의 시초가 되었습니다.

2. 고대사회의 가정

농업의 발달과 인구증가 등의 변동요인으로 씨족사회가 붕괴되고 고대사회가 성립되었습니다.

이때 인간사회는 가축의 사육과 농작물 경작이 시작되어 식량이 풍부히 수확됨으로써 가정생활에 식생활문제가 해결되었고, 한 가정에서 여러 가족이 같이 사는 대가족제도를 이루었습니다.

고대사회에서는 다른 부락을 침공하여 포로를 잡아 노예로 삼은 후에 가족과 노예의 노동으로 생산을 행하였으며 이때 가장은 일체의 재산을 자유로 할 수 있고 가족의 혼인이나 노예의 생명까지 자유로 할 수 있었습니다.

3. 봉건사회의 가정

봉건사회에서는 사회생활에 엄격한 신분관계가 성립되어 주종관계로서 개인생활에까지 침투하였습니다.

봉건 영주계급은 지배자로서의 세력을 확장하며 풍부한 생활을 영위했고 생산부분에 직접 참여하지 않고 지냈습니다.

봉건사회에서 영주가정의 가족관계는 가부장의 권력이 강하고 이 권력은 동거하지 않는 친족에까지 미쳤습니다.

종의 관계에 있는 자들은 영주의 가정에 살림을 도맡아 일해 주어야 했고 그 자녀들까지도 예속되었습니다.

4. 자본주의 사회의 가정

봉건체제가 붕괴되면서 새로운 자본주의 사회가 이루어져 생산력의 발전과 민중생활에 큰 장애였던 봉건적 가부장적 생활양식은 파괴되었습니다. 봉건적 신분제도의 해체로 국민은 평등해지고 생활에 가해졌던 외적인 모든 간섭이 철폐되었습니다. 산업자본의 발달로 자유로운 직업을 구하였고 이에 따라 가정의 구성도 점차 분가하여 단일 가정을 이루고 가족의 수도 감소하였습니다. 가부장의 권위도 많이 약화되었습니다.

III. 가정의 특성

가족의 특성을 살펴보면 집단으로서의 특성과 내면적 특성으로 구분할 수 있습니다.

1. 집단으로서의 특징

(1) 가족은 공동사회입니다.

사회 분류의 기준을 인간의 의지에 둔 퇴니스(F. Tarnies)는 가족을 공동사회라 하여 이익사회와 대립되는 개념으로 분류하였습니다.

그에 따르면 공동사회의 특징은 1)상호이해와 공동의 신념에 의한 자연발생적 결합체이며 2)실제적이며 유기적인 생명체이며 3)애정과 이해, 동정에 바탕을 둔 전인적인 인간관계이다.

(2) 가족은 일차적 집단입니다.

C. H Cooley에 따르면 1차적 집단은 성원 상호간의 친밀한 관계로서 그 내부에서 인격이나 태도가 형성되는 데 근본적인 영향을 주기 때문입니다.

2. 내면적 특성

어느 시대에서나 가정이 인류 사회의 기초 집단으로 인정되는 것은 다른 집단과 뚜렷이 구분되는 내면적 특성이 있기 때문입니다

.

   (1) 가족은 성과 혈연의 결합체입니다.
   (2) 가족은 애정의 결합체입니다.
   (3) 가족은 생활의 공영체입니다.
   (4) 가족은 운명의 공동체입니다.

사회학의 기조 꽁트(A. Conte)는 부부와 자녀 사이에 자연적으로 발생하는 종속과 신뢰를, 그리고 상호감정의 정을 가정의 본질로 이해하였습니다. 이러한 가족 간에는 인내와 봉사, 희생이 자연적으로 발생되며 인격 형성이 이루어지는 인간형성의 장입니다.

Ⅳ. 가정의 기능

가정의 기능에는 생물학적, 심리학적, 사회학적 기능이 있습니다.

Charles W. Stewart는 가정의 기능을 다음과 같이 정의했습니다. 생물학적으로 가정은 자녀들이 잉태되고 출생하거나 입양되며, 성장기에 신체적인 보살핌을 받기에 가장 좋은 장소입니다.

심리학적으로는 애정을 느끼고 가족 간의 사랑의 관계로 안정과 인정을 받게 되며 따뜻한 인간애의 성격 형성에 좋은 역할을 합니다. 사회학적 기능으로는 가정은 사회의 안정화의 모체이며 가정이 사회의 생활의 기본 주체적 성격을 띠고 있습니다.

가정의 기능 중 구조적 기능주의 이론에서는 핵가족은 사회를 위한 기본적 기능을 갖고 있다고 전제합니다. 즉 가족은 가족원의 신체적, 정신적 건강을 유지하도록 노력하는데 이는 사회의 요구에 부응하는 것입니다.

유영주는 가족의 기능을 고유기능, 기초기능, 부차적 기능으로 나누고 이를 다시 각각 대내적인 기능(개별적인 기능)과 대외적인 기능(사회적인 기능)으로 나누었습니다. 다음은 그 구체적인 관계를 나타낸 도표입니다.

성격	대내적인 기능 (가족원, 개인에 대한)	대외적인 기능 (사회전체에 대한)
고유기능	애정, 성, 생식, 양육	성적인 통제, 종족보존(자손의 재생산), 사회구성원 보충
기초기능	생산(고용충족, 수입획득) 소비(기존적, 문화적욕구 충족) 부양	노동력 제공, 분업에 참가, 생활보장, 경제질서의 유지
부차적기능 (파생기능)	교육(개인의 사회화) 보호 휴식 오락 종교	심리적, 신체적, 문화적, 정신적 사회의 안정화

이 중 종교적 기능은 가족의 신앙적 욕구를 충족시키는 기능이며 정신적, 문화적인 면에서 사회안정화를 위하여 작용합니다. 인간의 자기소외 현상이 일어나는 현대 사회에서 가정의 사회 안정화의 기능은 대단히 중요합니다.

Ⅴ 가정의 현대적 의미

1. 사회의 의미

(1) 사회의 기초인 가정

가정은 부부관계를 기초로 하고 있습니다. 그로부터 친자관계가 생기고, 다시 형제자매 관계가 파생됩니다. 이와 같이 결혼과 혈연에 기초를 둔 가정은 다음과 같은 특성이 있습니다.

1) 애정과 신뢰의 의한 결합

가정구성원은 가족감정이라고 하는 특별한 애정과 신뢰로써 결합됩니다. 이러한 성질을 가진 가정구성원이 협동생활을 영위하는 가정에서의 사람들의 행동은 여러 가지 특성을 가집니다.

① 가정 내의 인간과계는 비타산적이고 무조건적인 특성을 띠고 있습니다.

② 먹고 자고 입고 사랑하는 등 기본적인 욕구를 충족시키기 위한 가장 기본적인 행동이 많이 보입니다.

③ 가정구성원 상호간의 인간적인 교섭은 친밀하고 전인격적입니다.

④ 개인생활의 기본적인 욕구인 영양, 휴식, 애정, 안정감, 자기해방 등의 욕구가 주로 충족됩니다.

⑤ 가장 개방적인 행동이 이루어지기 쉽습니다. 가정구성원은 남의 눈을 의식하는 대사회적 자세를 버리고 자기본연의 모습으로 돌아가려고 합니다.

2) 운명 공동체

인간은 자기가 속해 있는 가정을 자기의사로 선택한 것이 아닙니다. 이것은 운명적으로 정해진 것입니다.

인간은 부모에 의해 가정의 한 구성원으로 태어나, 아무것도 자의적으로 할 수 없는 상태에서 자기에게 주어지는 환경의 영향을 받아 변화하고 성장하게 됩니다. 결국 운명적으로 결정된 가정 내에서 인격성장의 대부분을 이룩하게 되는 것입니다. 이러한 가정은 연령, 성, 사업, 흥미 등이 전혀 다른 사람의 집합체이기 때문에 각자의 행동이나 사상이 일치되지 않는 경우가 허다합니다. 그렇지만 선천적으로는 물론이고 후천적으로도 경제적, 사회적 면에서 가정구성원은 운명을 같이 하게 됩니다. 이와 같은 운명 공동체인 가정에서의 사람들의 행동은 다음과 같은 특징을 가집니다.

① 가정구성원 상호간의 연대적인 책임감이 매우 강하며, 이런 책임감은 상호부조와 같은 형태로 나타납니다. 가정구성원은 정신적으로나 경제적으로도 가장 밀접한 상호부조의 관계에 있고, 특히 유약자의 보호와 간호에 대해서는 가족 전체가 거의 무제한의 책임감을 집니다. 이것은 법률로도 규정하고 있으나, 그것과는 관계없이 당연한 것으로 여기고 있습니다.

② 폐쇄적이고 배타적인 성격을 띠고 있습니다. 원인은 경제적인 독립성의 유지, 신체적, 정신적인 압박, 인격, 지위에 대한 외부적인 공격이나 비난에 대한 공동적 방어의 필요성, 그리고 생활상의 비밀 유지, 자녀나 배우자에 대한 독점욕 등에 있습니다.

(2) 공동사회인 가정

부부, 친자, 형제, 자매와 같은 신분관계는 자연적이고 전인격적이며 자기 목적적 결합이라는 점에서, 인위적이고 편의적이며 수단적 결합인 경제관계와 구별됩니다. 전자는 이른바 퇴니스가 말하는 공동사회(Gemeinschaft)의 전형으로서, 이익사회(Gesellschaft)인 후자와 구별됩니다. 특히 친자 내지 형제, 자매 관계는 비선택적, 초타산적이며, 초의사적입니다. 그리고 결혼이나 친자관계와 같이 다소 의사적인 요소가 있는 경우일지라도 그 의사는 타산적이 아니고 감정적, 전인격적이며, 그 결합은 숙명적, 영구적인 것입니다. 이와 같은 가정의 성격으로부터 다음과 같은 사회적인 특질을 찾아볼 수 있습니다.

1) 영속적인 사회

가정은 가슴을 통해서 혈통이 영속되기를 바라는 사회집단입니다. 종속의 보존은 인간의 본능적 욕구이며, 그것이 없다면 종속은 멸망하게 됩니다. 그래서 동양사회에서는 일찍이 아들을 출산하지 못하는 아내는 내보낼 수 있는 무자거제도가 있었습니다. 서양사회에서는 결혼의 목적이 문명 초기부터 내려오는 조상제사를 지속하기 위한 자손을 얻는 데 있었습니다. 따라서 그 당시의 결혼식에서 읽는 기도문에 로마인은 <자손을 얻기 위하여 결합합니다>, 그리스인은 <아들을 얻기 위하여 결합합니다>라는 구절이 있었습니다.

그러나 현대는 이러한 대를 잇는 정신이 크게 바뀌어, <결혼은 한평생 공동생활을 할 것을 목적으로 하여 두 남녀가 결합하는 것이고, 자손의 번식은 그 결과에 불과한 것>으로 여겨지고 있습니다. 그래서 현대의 가정은 대(代)를 잇는다는 사명감이 어느 정도 완화되었다고 볼 수 있습니다. 그렇지만 우리나라와 그 밖의 여러 나라의 상속제도나 유언제도가 가정의 영속성을 조장하는 수단이라는 점과, 양자제도도 대부분의 경우 친생자가 없을 때에 가계(家系)를 계승하는 개인적인 희망에 따라 행해지고 있다는 점을 생각할 때, 아직도 가정사회의 영속성은 현실적으로나 제도상으로도 부인할 수 없는 것입니다.

2) 최초의 사회

인간과 집단의 상호작용에 있어서 가정은 시간적으로 가장 처음에 오는 것일 뿐만 아니라 가장 중요한 것입니다. 어린이가 처음 사회적인 관계를 맺는 것은 가정이며, 이 최초의 사회관계 안에서, 그리고 이 최초의 사회관계를 통해서 여러 가지 경험을 쌓게 됩니다. 인간의 성격을 결정하는 데 가정만큼 중요한 역할을 하는 곳은 없습니다. 사회적인 적응에서 통제에 이르기까지, 연속된 상호작용의 사회과정은 오로지 가정에서만 가능합니다. 이런 관점에서 가정은 최초의 사회인 한편 예비적인 사회라고 할 수 있으며, 사회생활의 출발점이요, 그 준비의 터전이라고 말할 수 있습니다.

또한 가정은 인간의 양육과 교육을 하는 최고의 기관이라 볼 수 있습니다. 물론 학교나 교회, 그 밖에 교육기관도 훌륭한 지육(知育)과 덕육(德育)을 꾀할 수 있지만, 어렸을 때부터 계속해서 인간의 성장에 강하고 깊은 영향을 준다는 점에서 가정보다 더 나은 곳은 없습니다.

3) 일차적인 복지 추구의 사회

가정의 복지 추구는 가정만의 기능도, 또한 가정에 의해서만 이룩되는 것도 아닙니다. 작게는 가족을 포함하는 친족, 가정구성원이 근무하는 기업사회, 지역사회, 크게는 전체사회도 각기 복지 추구를 주요한 기능으로 하고 있습니다. 그 중에서도 국가의 책임은 중대합니다. 그러나 이들은 가정을 대신해서 인간의 복지를 포괄적으로 실현하려고 하는 것은 결코 아닙니다. 다만 극빈한 가정에 원조를 하거나 신체장애자 등을 돕는 정도에 불과합니다. 이런 의미에서 복지 추구의 일차적인 담당자를 가정이라고 말하는 것입니다.

(3) 생활 공동체의 가정

1) 보편적 사회생활체

가정생활은 누구나 경험하는 보편적인 사회생활입니다. 즉, 가정생활은 어느 나라, 어느 민족에게서나 볼 수 있는 생활양식으로써 거의 모든 사람이 경험하는 하나의 사회생활입니다. 그 때문에 가정생활은 인간이 형성되는 공통된 생활공간으로써 중요시되는 것입니다.

2) 포괄적 경제생활 공동체

경제적 측면에서 볼 때, 가정생활은 가족들의 개인적 수입과 지출이 포괄적으로 행해지는 사회집단입니다. 부모의 수입은 거의 자녀들의 양육비와 생활비로 쓰여지지만 부모는 자녀에 대하여 그 지출의 상환을 요구하는 일이 없을 뿐 아니라 불평불만 없이 가족들을 위하여 봉사합니다. 또한 재산에 관해서도 가정구성원은 상호협력적입니다. 실내 비품이나 의류, 식품 등에 대해서 가정구성원의 개인적 소유권이 명백하더라도 그것을 사용하는 권리가 주장되는 경우나 그 이용이 거부되는 경우는 거의 없습니다. 가사노동도 무보수로 제공되는 것이지 노동을 금전으로 환산해서 다른 가정구성원에게 청구하는 일은 생각조차 할 수 없습니다. 그래서 모든 가정은 항상 가족전원의 경제적 효용을 위하여 노력해야 하는 것입니다.

2. 윤리적 의미

(1) 가정윤리의 변화

가정의 근본이 되는 것은 남편과 아내의 관계입니다. 이 관계를 중심으로 하여 가정구성원 상호간의 책임과 가족의 활동영역이 발전해 나갔습니다. 한 사회 안에서의 가정활동이 그 사회의 구조를 이루는 가장 기본적인 요소입니다. 가정은 개인과 개인을 하나로 모으며 집단의 성격을 지니고 있습니다. 이러한 집단의 성격들은 여러 가족들의 특성이 조직적으로 모여진 것입니다.

가정은 결혼해서 이루어지고 남편과 아내, 그리고 그들의 자녀들로 구성됩니다. 그리고 각 가족구성원이 사회 경제적, 법적, 도덕적, 그리고 종교적 요소에 의해 단합되어 사회에 영향을 미칠 때 가정은 사회의 형성에 기여하게 됩니다. 이와 같은 상황 속에서 가정은 사회의 형태와 기능을 결정하는 동인(動因)으로써 사회 전역에 걸쳐 작용하며, 마찬가지로 사회를 제어하고 교훈하는 동인으로서도 작용합니다. 이러한 가정의 책임에 대해서 보편적으로 인정되는 일종의 의식(儀式)이 전승되어 왔습니다. 이 의식은 결혼 행위로써 가정의 형성에 기본이 되는 공식적 표시입니다. 인류역사상 되는 대로 만나서 부부가 되는 잡혼은 거의 없었습니다.

그러나 현대에 인정되고 있는 무한히 다양한 가족형태들과 현대 사상의 혼란과 변화에 대한 지나친 강조는 가정의 안정성을 위협하는 요소로서 대두되고 있습니다. 요즘 신문이나 잡지의 기사와 최근 발행 서적들은 심지어 어머니의 역할의 변화까지도 역설하고 있습니다. 이러한 글을 쓴 저자들 중 어떤 사람은 앞으로의 결혼은 지금까지와 같이 보편적인 것일 수만은 없다고 주장하며, 또한 별다른 격렬한 변동이 생기지 않는 한 남녀평등 사상은 지속적으로 발전해 갈 것이고, 결혼하는 여성들은 단순히 안정된 가정 또는 결혼으로 주어지는 특권을 얻기 위해서라기보다 큰 개인의 만족을 위해서 결혼하게 될 것이라고 주장합니다.

도시화과정 역시 가정의 안정성을 위협하는 중요한 요인입니다.

도시화는 이제까지 이어 온 가정생활 패턴들의 명맥을 끊어 놓으려는 경향이 있습니다. 예를 들어 직장이나 학교가 멀리 있는 젊은이는 본가에서 가족들과 함께 지낼 수 없게 되었습니다. 현대 도시사회에서 자녀들은 과거 농촌 부모들의 사고방식과 같이 부모의 경제적 자산으로 취급되지는 않습니다.

그 밖에 기존의 가정형태를 변화시키는 요인으로서 가정의 안정성을 위협하고 있는 것은 가족의 건강, 교육문제, 자기보호 그리고 레저의 필요성 등입니다. 이 같은 변화 속에서 변경된 형태의 가족적인 협동이 존재하게 되는데, 곧 부모가 자녀의 결혼자금 또는 혼수품 등을 마련해주는 형태의 협동이 바로 그것입니다.

도시화된 가정구성원들에게 삶의 목적과 의미를 줄 수 있는 것은 무엇인가? 인간은 그 자신이 최고의 발전을 이루기 위하여 가정을 필요로 하는가?

플라톤 시대에는 선택된 상류계급의 자녀들을 취하여 국가가 그들을 기르고 교육시키는 제도가 제안되었습니다. 최근에도 일부 국가들은 이 방안을 도입하여 가정의 역할을 감소시키고 국가의 권한을 증대시키려는 경향이 있습니다. 심지어 가족의 출산, 교육 및 그밖의 기능까지도 통제에 따라 조절하려고 합니다. 이와 비슷한 예로 어떤 사람은 국가가 가정의 기능을 전담하여 각 가정을 조절하는 방안을 시험 중인데 그것은 자녀들에 대한 가정의 영향력을 도외시한 것입니다.

(2) 가정윤리의 성서적 기초

이와 대조적으로, 유대 기독교 공동체는 일부일처제와 가정의 바람직한 규범으로서 부모와 자녀가 함께 지녀야 할 상호책임성을 강조하였습니다. 그리고 가정은 그 존재하고 있는 사회의 실체로서, 개인과 집단으로 하여금 인간이 지닌 충분한 가능성의 계발과 하나님의 영광을 향하여 발전해 가도록하는 책임이 있습니다. 창세기 1,2장에서는 "한 남자가 그의 부모를 떠나 그 아내와 연합하여 둘이 한 몸을 이룰찌로다"(창 1:27, 2:24, 5:21)라고 기록되었습니다. 구약성서에 나타난 이러한 가정의 모습에는 남편이 다스리는 자(창3:16)로서, 그리고 자녀는 부모를 공경해야 할 자(출 20:12, 신 5:16)로서 언급되었습니다. 이것은 신약성서에서 더욱 깊이 있게 다루어졌습니다(골 30:31, 엡 6:11-14). 구약성서에서 허락된 이혼(신 24:1-3)에 대하여 예수는 그것이 인간의 완악함을 조정하기 위하여 어쩔 수 없이 허락된 것일 뿐이라고 지적하셨습니다(막 10:2-12). 또한 예수는 산상수훈에서 이혼을 강력하게 반대하고 있습니다(마 5:27-32, 19:1-12).

신약성서의 가정관은 구약성서의 가정생활 안에 근거하고 있는 기반<일부일처의 가족제도>과 밀접하게 관련됩니다. 성서에서 남자는 한 아내만을 갖도록 되어 있으며 이러한 관계에서 태어난 자녀들이 그 가정의 축복된 유업이 됩니다.

그리스도인 공동체는 일부일처제의 가족제도에 근거하고 있습니다. 이러한 그리스도인의 가족개념을 현대사회에서 평가해 볼 때, 그것은 인간에게 있는 가장 기본적이며 인간적인 욕구에 대한 교훈을 지니고 있습니다. 즉, 가정은 남성과 여성 쌍방의 욕구를 상호충족시켜주며 또한 자녀들이 갖게 되는 삶에 대한 욕구를 만족시켜 준다는 것입니다.

(3) 현대가정의 도덕성

인간은 전인적(全人的)인 존재입니다. 그리고 가정은 인간으로 하여금 전인적인 존재가 되게 하는데 얼마나 기여하는가에 따라 평가될 수 있습니다. 인간의 전자아(全自我:total self)는 다른 사람들과 함께 사는 공동사회 속에서 자신의 존재의미와 성취감을 발견합니다.

인간의 생활에서 성 관계는 한 남성과 한 여성의 점진적인 인격완성의 계발을 목표로 하고 있습니다. 그들은 가정의 테두리 안에서 각자 인격을 지닌 개인들로서 그리고 부부로서 함께 생활해 나가는 가운데 점차적으로 서로를 닮아가게 됩니다. 그리고 그들은 자신들이 이룬 가정에서의 상호간의 책임을 기쁘게 받아들입니다.

현대의 가정은 이전보다 더 심한 긴장 속에 놓여 있습니다. 그것은 청소년들의 부모에 대한 반항이 날로 심각해지고 있다는 점에서도 확연히 드러납니다. 순종하느냐 아니면 불순종하느냐의 문제는 인간이 권위에 대하여 제기한 최초의 도전이었습니다. 이 도전은 영속하는 도전입니다.

현대의 가정과 그 구성원들을 변화시키는 물결은 갈수록 더 넓게 퍼지고 더 잘 전달되며 과거 어느 때보다도 더 격렬하게 사회질서의 기반과 기독교적 체제에 접근해 오고 있습니다. 때문에 가정과 사회의 기반이 침식되고 있음을 나타내는 사건들이 명백히 드러나고 있으며, 대가족제도에서 핵가족제도로 변해 가는 과정에서 많은 문제점이 더욱 명확하게 드러나고 있습니다. 이러한 초도덕(a-morality)적인 경향은 소위 새로운 도덕성(morality)으로서 널리 퍼졌고, 이제까지 역사를 통하여 발전된 도덕적 판단의 근본을 위협하는 요소가 되었습니다.

그러나 가장 근본적인 도전은 성서의 권위와 계시에 대한 도전입니다. 인본주의적으로 정의된 이 도덕성이 아무 표준도 지니지 않은 채 성서의 권위를 밀어내고 그 자리에 대신 들어섰고 또한 전 세계의 사회에서 발전되어 온 가정의 모든 책임성을 무시하는 것이 되었습니다. 이 현대의 도덕성은 역사를 무시하고 전통을 계승하기를 거부하며, 성서의 말씀을 현대에는 타당성이 없고 아무런 권위도 없는 것으로 여겨 그 가치를 두지 않고 있습니다.

그리스도인에게는 지금까지 지녀온 가족제도의 가치를 계속 존중하고 따를 것이냐 포기할 것이냐 하는 문제가 있습니다. 그리고 가정에 대한 현대의 흐름을 따를 것인가? 또는 따르지 않을 것인가? 하는 문제가 놓여 있습니다. 현대사회의 자유는 개인주의적인 발전을 요구하므로 여러 가지 요청되는 일을 따라야 하지만 그러나 이러한 자유도 가정과 교회의 규범을 배제해서는 안 됩니다. 그리스도인의 가정은 공동의 삶을 영위하며, 서로 용납하고 협동하는 풍토로 조성해야 합니다. 그리고 그들이 소중히 생각하고 있는 가정생활에서의 상호관계와 책임성을 발전시키는 가정은 그 속에서 가족들이 안정과 만족을 느낄 수 있으며 나아가 건전한 사회와 국가를 건설할 수 있는 기초가 됩니다.

3. 교육적 의미

가정은 인간이 이 세상에 태어나면서 가장 먼저 접촉하게 되는 사회입니다. 그리고 가정은 혈연으로 맺어진 사회이기 때문에 어린이가 성장하여 접촉할 사회와는 근본적으로 다릅니다. 가정 없이는 생명의 유지조차도 불가능하며 성격형성에 미치는 영향도 어느 사회보다 큽니다.

(1) 인격형성의 터전

인간은 태어나면서부터 사회의 일원으로서 생활하게 되며 그러는 가운데 만물의 영장으로서의 인격이 형성되는데 그러한 인격형성의 터전이 바로 가정입니다. 교육, 사회학적으로 보아 가정이 중요시되는 이유는 비록 제도적인 교육은 아니지만 일생을 통하여 영향을 줄 가치관, 태도, 습관 등이 가정에서 형성되기 때문입니다.

그러면 가정은 인간에게 왜 이와 같이 큰 영향을 주는가?

첫째, 어린이는 육체적으로 미성숙한 상태이듯이 정신적인 면에서도 미성숙하여 무엇이든지 비판 없이 받아들이며 감수성도 한없이 예민합니다. 이 감수성 때문에 마치 백지에 물감이 번져 가듯, 주어지는 자극 그대로를 받아들이며 일단 받아들여진 자극은 좀처럼 지워지지 않습니다. 그렇기 때문에 행동심리학자인 와트슨(J. Watson)은 2, 3세의 어린이를 데려다 준다면 어버이가 원하는 대로 길러내겠다고 장담했습니다. 예를 들어 예술가를 원하면 예술가를, 과학자를 원하면 과학자를 만들어 내겠다는 것입니다.

둘째, 어린이는 가정이라는 제한된 공간에서 살기 때문에 외부의 영향을 가장 적게 받고 있습니다. 성장함에 따라 활동범위가 넓어지면서 일반사회의 영향을 많이 받게 됩니다.

태어나서 5년 동안은 어린이의 지능, 습관의 형성이나 건전한 정서를 함양하는 데 있어, 그 후의 어느 시기보다도 2배 이상 중요합니다. 물론 어린이는 선천적으로 나름대로의 특성을 지니고 태어나지만, 그 후의 부모의 훈련이나 환경조건에 의해 비로소 성숙한 인격체로 성장하게 됩니다.

셋째, 어린이들의 모방성을 들 수 있습니다. 어린이는 어른들에게 받는 칭찬이나 배우려는 욕구 때문에 무엇이든지 모방하려 합니다. 이러한 모방성으로 인해 가장 가까이 접하고 있는 가족들의 행동과 가정의 분위기가 어린이에게 커다란 영향을 주게 되는 것입니다.

(2) 교육의 터전

어린이가 귀엽고 사랑스럽다고 해서 지나친 사랑을 베풀고 잘못된 방법으로 교육하면 오히려 그 어린이의 건전한 성장발달을 저해하는 것이 됩니다.

1) 익애(溺愛)의 결과

어린이를 사랑하는 나머지 그 어린이가 할 수 있고 또 하려고 노력하는 데도 불구하고 부모들이 전적으로 돌봐 주는 것은 바람직하지 못합니다. 호기심과 탐구심이 왕성한 어린이들은 모험을 좋아하여 어른들로서는 위험해 보이는 행동을 서슴없이 하기 때문에 어른들이 제재를 가할 때가 많은데, 결과적으로 그 어린이는 소극적이며 타인에게 의존하는 성격이 됩니다.

교육적으로 어린이에게 중요한 것은 사회성 발달입니다. 이렇게 익애(溺愛)가 심하면 이웃 어린이들과의 접촉을 꺼리기 때문에 동년배와 어울려 놀면서 발달하게 되는 사회성이 성장할 기회를 잃고 맙니다. 부모들은 자신들이 주지 못하는 것을 어린이들이 놀이동무를 통해서 얻는다는 사실을 항상 명심해야 합니다.

2) 무관심의 폐단

많은 가정에 부모의 기대에 어긋나는 행동을 하는 아이들이 있습니다. 사회학자들은 문제 있는 가정에 이런 자녀가 많다는 것을 지적하고 있습니다. 매일의 생활고에 시달려 부모로서 응당 돌보아 주어야 할 여러 가지를 도저히 돌봐 주지 못하는 가정에서는 자연히 자녀들에 대해서 무관심하게 되는 경우가 많습니다. 이 틈을 타서 어린이들은 그릇된 방향으로 자라나거나 심한 고독감으로 말미암아 우울한 성격을 갖게 되는 경우가 많습니다. 소년범죄자가 문제성 있는 가정에서 많이 나오는 것이나, 반사회적인 성격을 가진 사람이 극빈가정에서 많이 나오는 것은 그러한 이유 때문입니다.

그러나 부유하다 해서 자녀에게 무관심한 가정이 없는 것은 아닙니다. 상류가정의 부모들은 그들 자신의 사회적 진출, 사업 또는 명예에 관심을 쏟고 거기에 몰두하므로 자녀들에게 풍족한 물질적 부양 외에 별로 해주는 것이 없기 때문에 자녀들이 탈선하는 경우가 있습니다. 용돈을 풍부하게 쓸 수 있기 때문에 평범한 가정의 자녀들보다 불량화할 가능성이 더 많은 것입니다. 인간이 물질만으로는 살 수 없듯이 어린이들은 물질이 풍족하다고 해서 건전하게 성장하는 것이 아니고 부모의 적절한 사랑과 관심을 받아야만 정상적으로 성장, 발전하게 됩니다.

(3) 사회화의 터전

가정은 가족으로 구성되어 있으며 그 가정구성원은 어린이에게 많은 영향을 미치고 있습니다.

1) 부모

가정에서 어린이에게 가장 직접적이고 절대적인 영향을 미치는 구성원은 부모입니다. 아버지는 남성으로서의 씩씩함과 용맹스러움을 상징합니다. 이와 대조적인 존재가 어머니이며 상냥하고 애정을 지닌 분으로 어린이의 성장에 많은 영향을 줍니다. 영아기와 유아기는 어머니와의 접촉이 많기 때문에 어머니의 영향은 더욱 큰 것이고 이 시가가 인격, 성격, 습관 등의 형성기라는 것을 자각하면 더욱 그 중요성을 인식하게 될 것입니다.

아버지의 영향은 자녀들이 성장함에 따라 저점 더 커집니다. 아들에게 뿐만 아니라 딸에게도 성정과정에서 남성적인 요소가 필요하기 때문에 아버지의 존재는 없어서도 안 되며, 이것은 마치 아들에게 여성으로서의 영향을 미치는 어머니의 존재가 필요한 것과 마찬가지입니다. 흔히 아들은 어디까지나 남성적이어야 하고 딸은 오로지 여성적이어야 한다고 생각하기 쉬우나 결코 그런 것은 아니고 양성의 특징이 필요하며 다만 그 비중이 문제되는 것입니다.

그렇기 때문에 자녀들은 반드시 부모가 길러야 하지만, 허나 불행히 편모(偏母)나 편부(偏父)일 경우에는 어린이가 그 영향을 직접적으로 받게 되어 홀어머니는 아버지의 역할까지 하기에 고심하게 됩니다.

한편, 부부 사이의 불화는 자녀들에게 중대한 악영향을 미치게 됩니다. 즉 사랑과 존경으로 대해야 할 부모들을 불신하게 됨으로써 가정은 파괴되고 자녀들은 반사회적 성격을 갖게 됩니다. 심지어는 염세증을 갖게 되어 결혼에 대한 자신감까지 잃기도 합니다.

2) 형제자매간

한국 사회에는 동기간에 우애가 있어야 한다는 도덕률이 있고 어린이에게 그렇게 교육하지만, 교육심리학적으로는 그렇게 간단하지가 않습니다. 오히려 형제가 많은 동양의 가정에서는 부모의 사랑과 보호를 누가 많이 받느냐의 경쟁심이 형성되기 때문에 시기와 질투의 눈으로 서로를 대하는 경우가 많습니다. 게다가 서로 사랑해야 할 처지에 있으면서도 그렇게 못하는 데에서 죄책감을 느끼기 때문에 심리적 갈등까지 느끼게 됩니다. 어찌할 수 없는 두 면이 상충하는 것입니다.

젊은 부부가 첫 아기를 낳으면 관심과 애정이 모두 그 아기에게로 집중되고 어떤 사람은 아이의 행동발달 상황을 일일이 기록해 두기도 합니다. 그러나 둘째, 셋째로 내려감에 따라 부모의 관심도 줄어들어 첫 아이가 받던 대접을 받지 못하게 되는 것이 통례입니다. 속담에 아기가 <집어른>이라고 하듯 첫 아이는 가족의 관심의 초점이 됩니다. 그러던 중 동생이 태어나서 지금까지 받아오던 사랑과 특권을 상실하게 되면 그 동생을 미워하고 스스로는 유치한 행동을 함으로써 부모의 주의를 자기에게 돌리려는 치기를 부리는 일도 있습니다. 동생을 보았으니 더 의젓해야 하겠지만 그 사실 때문에 더 울고 더 보채고, 가리던 오줌도 못 가리게 됩니다. 이와 같이 가정이라는 조그만 사회에서 애정 다툼이 일어나며, 예뻐 보이기도 하고 미워

보이기도 하며 없었으면 좋겠으면 서도 남이 데려간다면 싫은 이율배반적인 감정이 교차되는 것입니다.

그러나 이러한 생활을 하는 과정에서 사회화도 촉진되는 것이어서 외동이가 얻지 못하는 좋은 사회적 경험을 쌓게 되는 것이며 부모가 누구를 편애함이 없이 잘 교육해 간다면 동기간은 성장함에 따라 더욱더 우애가 깊어지고 상부상조하는 동기간으로 성숙해 갈 수 있습니다.

3) 외동이

외동이(the singleton)는 형제자매가 없기 때문에 부모의 사랑을 충분히 받게 되는 것이 보통이며 때로는 그 정도가 지나쳐 오히려 건전한 사회성 발달을 해치는 경우도 있습니다. 교육적인 측면에서 예부터 <사랑하는 자녀에게는 매를 아끼지 말라>고 한 것은 바로 이 점을 지적한 것이며, 자녀를 온상에서 자라는 식물과 같이 감싸기만 하는 태도는 부모가 항상 주의해야 할 태도 중의 하나입니다.

외동이는 교육, 사회학적으로 볼 때 부모의 보호와 사랑을 많이 받지만 자기와 비슷한 연령의 어린이가 가정에 없기 때문에 사회성 발달이 뒤지기 쉽습니다. 왜냐하면 가정 내에 어린이 사회가 형성되지 않기 때문에 사회성 발달의 기회를 갖지 못하게 되는 것입니다. 또한 어른들과 접촉하는 일이 많아 어린이답게 성장할 수 없고, 어른들은 그가 어린아이고 귀중한 존재이기 때문에 그의 성정단계보다 어리게 생각하고 그렇게 취급하는 일이 많습니다. 이것은 해로운 결과로 나타나는 경우가 허다합니다.

외동이는 동년배보다 뒤늦게까지 어린이 노릇을 하게 되며 때로는 성인이 된 후에도 어른 대접을 못 받게 되는 경우가 있습니다. 이러한 온실생활을 한 사람은 거센 사회와 접촉하기를 두려워하고, 또 타인들과 섞여 생활하는 사회성도 충분히 발전시키지 못했기 때문에 소극적인 자세가 되고 무풍지대인 가정으로 도피하려는 경우가 많이 있습니다. 이런 현상은 형제가 많은 어린이들이 밖에서 자기 동년배와 섞여 놀기를 좋아하는 것과는 대조적입니다. 여기서 주의할 점은 이상의 현상은 어디까지나 일반론이고 모든 외둥이가 다 그렇게 된다는 것은 결코 아닙니다. 외동이라 하더라도 부모의 교육 여하에 따라 정상인 성장을 꾀할 수 있습니다.

4) 가정의 고용인

가정에는 가정부나 운전기사와 같은 원래의 가족이 아닌 동거인이 있는 경우가 있는데 이들도 가족과 함께 동거하는 이상 어린이들에게 영향을 미치지 않을 수 없습니다. 특히 가정부는 어머니 대신의 역할을 할 경우가 상당히 많고 또 어린 시절에 그와 접촉을 많이 하기 때문에 그 영향이 매우 큽니다. 예컨대 가정부가 쓰는 말투, 이야기, 도덕관 등이 자녀들이 가치관 및 태도형성에 큰 영향을 미치고 있으며, 성(性)에 대한 이야기조차 금기로 되어 있는 보수적인 가정에서는 성에 대한 그릇된 지식이나 태도를 고용인들에게서 받는 경우가 적지 않습니다.

또한 자녀들은 이들 고용인에 대한 어른들의 말씨나 태도를 예민하게 파악하고 그대로 그들을 대합니다.

자녀들은 부모가 그들을 노예처럼 대하면 무의식적으로 노예인 줄 알게 되고 사람은 나면서부터 평등하다는 정신을 잊게 되며 사회의 계급성을 무의식중에 배우게 되므로 각별히 유의해야 합니다.

제 2 장 가정에 대한 성서적 배경

기독교 가정은 하나님이 창조하신 "남자와 여자의 본성"에 근거를 두고 있습니다. 가정은 남녀 두 사람이 부모를 떠나 즉, 독립해서 애정과 책임을 수반한 인격적, 육체적 연합을 이룸으로써 형성되는 하나님이 세우신 제도입니다(창 2:18-24).

J.Howell은 성서에 입각하여 가정은 남자와 여자를 위한 하나님의 목적과 조화됨에 그 기원이 있음을 밝힙니다.

하나님의 창조 사역은 인간 창조에서 그 절정에 이르렀고, 특히 가정제도를 제정하심으로 하나님 형상으로 지음 받은 인간은 가정이라는 공동체를 통해 하나님의 뜻을 나타내게 하였습니다. 따라서 가정은 하나님이 계획하신 것이며, 그 가정 자체가 곧 하나님의 메시지였습니다.

사실, 가정은 교회보다 먼저 제정되었고 국가보다 먼저 존재하였습니다. 그러므로 가정이란 가장 근본적인 것이며, 최초의 것입니다. 하나님은 이 가정을 통해 언약하셨고, 만물이 선하고 아름답게 창조된 것처럼 가정도 선으로 이루어졌습니다. 따라서 가정(결혼)은 하나님께서 세우신 선하고 거룩한 질서입니다.

바울은 부부 사이를 그리스도와 교회 사이로 비교하여 말했습니다. 이것은 교회와 그리스도의 관계가 신성 관계인 것처럼 가정도 신성을 가지고 있음을 말하고, 요한계시록에 예수님과 그 백성의 관계를 신랑과 신부의 관계로 비유하여(계 19:7-9, 21:2) 가정의 신성과 의를 표현하였습니다.

가정이 하나님의 창조에 의한 것이므로 가정은 하나님의 주권 아래서 움직여야 합니다. 이제 구체적인 가족의 정의와 목적, 본질 등을 살펴보므로 기독교 가정관을 정립해 보려고 합니다.

Ⅰ. 구약성서적 배경

1. 성서에 나타난 가정 용어

(1) 구약

가정에 해당하는 구약의 히브리어 용어 가운데 일반적으로 쓰이는 것은 다음과 같습니다.

1) "바이트"는 문자적으로 "집"이라는 뜻으로 장소로서의 "집" 즉, 가족의 거처를 의미하는 말로도 쓰이고(창 14:14), "가족들"(출 1:21), "가문"(대상 4:21), 일족(一族)이라는 의미로도 쓰였습니다. 일족은 "야곱의 집", "이스라엘의 집"이라는 말로 전 민족을 포함하며 한 혈족으로서의 그룹 전체를 의미하기도 하고 민족의 한 지파로도 말합니다.

2) "미쉐파하"는 "씨족" 또는 "가족"을 의미합니다. 이 말이 창세기 24:38에서는 대가족, 그룹, 즉 나홀성에 사는 아브라함 부친의 집안과 친족을 의미했고, 이스라엘 장로들의 가족(출 12:21) 또한 일신 제사를 행하는 가족(권속)을 의미했습니다(레 10:5).

(2) 신약

신약 헬라어에서는 다음과 같이 쓰이고 있습니다.

1) oikia(오이키아)는 히브리어 "바이트"와 관련이 있는 "한 집
단", "가족"이라는 뜻입니다.

2) oikiakos(오이키아코스)는 "친척", 즉 일족의 구성원이란 뜻
으로 "그의 집안에 속한 사람들", "집안의 구성원들"이라는 뜻
으로 쓰였습니다(갈 6:10, 엡 2:19, 딤전 5:8), 그리고 "하나님의 집의
구성원들"을 가리키는 말로도 쓰였습니다(엡 2:9, 딤전 5:8).

3) παTρα(파트리아)는 히브리어 미쉐파하와 같은 뜻으로 "계
보"(눅 2:4), 하늘과 땅에 있는 "각 족속"(엡 3:15)으로 번역되
어 있습니다.

2. 구약에서의 가정

히브리인에게 가족이란 넓은 범위의 공동체를 칭합니다. 즉 혈연이나 결
혼이라는 결속관계에 의하여 맺어진 직계 인원들뿐만 아니라 노예, 첩, 외
국인, 고용한 하인까지 모두 가족 속에 포함되었습니다. 그래서 "야곱의
집", "이스라엘의 집"이라고 하여 전 민족을 포함하기도 하며, 한 혈족으로
서의 그룹 전체를 의미하기도 하며 민족의 한 지파를 말하기도 합니다.

구약 성서에서 이러한 가정 공동체를 하나님의 기구로 보았습니다. 이는
하나님의 창조 섭리에 의해 이루어진 것이며, "하나님의 뜻"을 이 땅 위에
실현하는 도구로 여겨진 것입니다. 하나님의 뜻이 구체적으로 전달되고 생
활화되는 곳이었기에 가정의 종교적인 공동체로서 자녀의 신앙을 책임지는
'종교교육의 살아 있는 현장'이 되었습니다. 이 가정을 통해 그들은 민족의
역사와 그 역사 속에서 그들을 도우신 여호와께 대한 믿음을 키워나갔습니

다. 신명기가 교훈하는 교육 형태로서의 가정은 '예배적 기구'로서의 의의도 아울러 가집니다. 가정의 예배적 기능은 교육이나 친교보다 선재하였습니다. 예배를 통하여 하나님과의 교제가 이루어졌습니다.

구약성서에서 결혼의 목적과 십계명 중 인간에 대한 첫째 계명인 "네 부모를 공경하라"는 명령은 사회 질서와 윤리 개념의 기초였습니다. 따라서 사회 문화적인 책임도 가정이 지게 되었습니다.

구약의 하나님은 최고의 생활자 또는 통치자만이 아니라, 도덕, 진리, 과학, 예술 등 모든 생활권에 있어서 자존하시는 지배자이시므로 인간의 모든 생활 영역이 하나님의 절대적 주권 아래 있습니다. 따라서 기독교 가정은 하나님의 영광을 위하여 존재합니다.

구약에서 가정의 기능을 요약하면 예배적 기능, 교육적 기능, 위안적 기능, 보존적 기능 등으로 말할 수 있습니다.

3. 가정의 시작

(1) 인간의 창조와 결혼

창세기에는 하나님의 천지창조의 최고 절정인 인간의 창조기사가 기록되어 있습니다. 창조하시는 여섯째 날에 하나님은 "우리의 형상을 따라 우리의 모양대로 우리가 사람을 만들고 그로 바다의 고기와 공중의 새와 육축과 온 땅과 땅에 기는 모든 것을 다스리게 하자"(창 1:26)고 말씀하셨습니다. 인간은 하나님의 형상대로 지음 받았습니다.

인간을 창조하신 다음 하나님은 남자와 여자를 축복하시고 말씀하셨습니다. "생육하고 번성하여 땅에 충만하라"(창 1:28). 그래서 성서에 의하면 인간에 대한 하나님의 첫 명령은 남녀의 결합과 또 그 결합에서 비롯되는 자녀의 생산에 관한 말씀이었습니다. 가족이라는 집단이 이 세상에 생기게 되자 남자와 여자는 부부로서 또한 자녀의 부모로서의 삶이 시작됩니다.

아담과 하와의 이야기에서 창세기 2장은 결혼이라는 관념에 중요한 뜻을 첨가하고 있습니다. 여기서는 하나님이 흙으로 사람을 만드시고 생기를 그 코에 불어넣으시니 사람이 생령이 되었다는 사실을 기록하고 있습니다(창 2:7). 하나님은 아담을 에덴동산에 있게 했으나, 아담에게는 무엇인가 결여된 것이 있었습니다. 동산에 혼자 있었기 때문에 그는 완전한 것이 못 되었으며, 그리하여 하나님은 "사람이 독처하는 것이 좋지 못하니 내가 그를 위하여 돕는 배필을 지으리라"(창 2:18)고 말씀하셨습니다. 이 말씀은 여자의 중요한 역할 중의 하나를 지적하고 있는데, 그것은 남편에 대한 돕는 배필이 되는 역할입니다. 그러나 여자는 남자에게 도움만을 제공하는 부수적인 존재로서만 창조된 것은 아닙니다.

남자는 여자와 결합함으로써 비로소 온전한 존재가 된 것입니다. 이제 그들은 둘이 아니고 하나입니다. 아담은 그 연합의 뜻을 "이는 내 뼈 중의 뼈요 살 중의 살이라"(창 2:23)고 표현했습니다. 혼인을 통하여 하나가 된다는 것을 "이러므로 남자가 부모를 떠나 그 아내와 연합하여 둘이 한 몸을 이룰찌로다"(창 2:24)라고 나타냈습니다. 이 말은 혈연적인 연합을 이룬다는 의미입니다. 성서적 혼인에서의 <한 몸>은 인격적인 융화 곧 가족관계에 한 단위로서의 <하나>를 의미합니다.

한 몸, 한 영혼인 남편과 아내는 두 가정의 언약에 따라 연합하게 된 것인데, 그것은 하나님의 거룩한 목적을 이루기 위하여 하나님이 친히 정하신 것입니다. 하나님이 정하신 혼인은 가정의 기본조건으로서, 삶의 신비와 존엄성이 내재해 있습니다.

(2) 가족의 결속

초기 이스라엘의 가족 결합은 고대 세계사에 나타난 것 중 가장 강한 결속력을 보여줍니다. 각 가정이 하나의 사회로 인정되었고, 부친, 모친, 아들, 딸, 조부모와 친척들도 포함되었으며 심지어 하인들까지도 가족의 일원으로 간주되었습니다. 성서에 나오는 초기 이스라엘 가족이 공고한 결속력을 지니게 된 것은 종교적 이유와 경제적 이유에서였으며, 그 두 가지 요소가 각자를 한 가정에 묶어 놓았던 것입니다. 이러한 가정의 결속을 유지하는 책임자는 부친이었으며 그를 가정의 가장(家長)이라 했고, 모친은 남편을 도와 가정의 단합을 유지하는 데 힘썼습니다.

1) 최초의 가정(창 3~5장)

아담과 하와는 에덴동산에서 함께 생활을 시작했습니다. 그 에덴동산에는 하나님께서 먹지 말라고 하신 선악과가 있었습니다. 그러나 아담과 하와는 하나님 말씀에 대한 불순종으로 동산에서 쫓겨났습니다. 이 최초의 가정은 그들의 불순종으로 인하여 해산의 고통과 삶을 꾸려 나가기 위한 노동의 괴로움, 그리고 죽음의 공포를 지니고 살게 됩니다. 그렇지만 한 때는 즐거움을 누렸는데, 그것은 하와가 첫 아들 가인을 낳았을 때였습니다. 하와는 "내가 여호와로 말미암아 득남하였다"(창 4:1)고 기뻐하였습니다. 그러나 이 가정의 결속은 비극으로 끝이 났습니다. 가인은 그의 아우 아벨이 하나님의 총애를 받는 것을 시기하여 그를 죽여 버렸습니다. 하나님께서 가인에게 동생이 어디 있느냐고 물으셨을 때 가인은 가족적 책임을 완전히 저버린 말로 대답합니다. "내가 알지 못하나이다 내가 내 아우를 지키는 자니이까"(창 4:9).

한 아들은 죽고 또 한 아들은 가족에게 제외된 상태가 돼 버린 채, 하와는 세 번째 아들을 낳고 그 이름을 셋이라 지었습니다. "이는 하나님이 내게 가인이 죽인 아벨 대신에 다른 씨를 주셨다 함이며"(창 4:25). 셋은 착한 줄기의 조상이 되었습니다. 셋의 아들 에노스 때에 사람들이 비로소 여호와의 이름을 불렀기 때문입니다(창 4:26), 이 창세기 4장 26절 말씀에서, 고대 이스라엘 가정의 기도생활이 시작되었음을 암시하는 내용을 볼 수 있습니다.

2)노아의 가정(창 7~9장)

성서상 한 가정이 공동의 목적을 위하여 협력한 결속력 강한 최초의 경우는 노아의 가정입니다. 큰 어려움에 직면한 그들을 모두 하나로 뭉치게 하고 하나님께서 노아에게 "너와 네 온 집은 방주로 들어가라 네가 이 세대에 내 앞에서 의로움을 내가 보았음이니라"(창 7:1)고 말씀하셨습니다.

노아의 세 아들 셈과 함과 야벳은 아버지의 말대로 각각 아내를 데리고 노아 및 그의 아내와 모든 짐승들과 더불어 방주로 들어갔습니다. 세상을 온통 잠기게 한 큰 홍수 가운데서 노아의 가족과 그들이 안에 이끌어 넣은 동물들만이 살아남았습니다. 홍수가 물러가고 방주가 땅 위에 멈추었을 때, 노아는 그의 아내와 아들들 및 그들의 아내들을 밖으로 인도해 내었습니다. 그가 밖으로 나와서 제일 먼저 한 일은 제단을 쌓고 모든 가족을 거느리고 하나님께 예배를 드린 일이었습니다.

3) 아브라함의 가정(창 12, 21장)

셈의 후손 가운데 8대가 지나서 창세기에 기록된 위대한 히브리 가족을 이룩한 사람은 아브라함으로서, 그는 바울이 선언한 바와 같이 "우리 모든 사람의 조상"(롬 4:6)입니다. 아브라함은 하나님의 명령에 따라 그의 본향과 친척과 부친의 집을 떠나서 하나님께서 약속하신 땅으로 이동하였습니다.

아브라함과 그의 아내 사라에게 자녀가 없을 때, 하나님께서 그에게 "너는 열국의 아비가 될찌라 그 (사라)에게 복을 주어 그로 네게 아들을 낳아 주게 하며 내가 그로 열국의 어미가 되게 하리라"(창 17:4,15-16)고 말씀하셨습니다. 아브라함 가정의 중요성은 "모든 족속이 너로 인하여 복을 얻을 것이니라"(창 12:3)고 하신 하나님의 언약에서 찾아볼 수 있습니다.

아브라함과 사라에 관한 이야기는 고대의 가정생활을 생생하게 보여주고 있습니다. 아브라함은 어느 곳에 그의 장막을 치든지, 그는 먼저 하나님께 제단을 쌓았습니다. 어느 날, 햇볕 아래서 자기 장막 문간 그늘 밑에 앉아 장막에 가까이 오는 사람을 볼 수 있었습니다. 아브라함은 자기에게로 가까이 다가온 세 나그네에게 따뜻한 친절을 베풀었습니다(창 18:1-10). 그는 물을 떠서 지치고 먼지 묻은 발을 씻게 하고 사라에게 떡을 만들도록 했습니다. 그녀는 고운 가루를 반죽하여 떡을 구웠습니다. 그리고 나서 아브라함은 목장으로 가서 송아지를 잡아 요리하여 떡과 함께 세 손님에게 내놓았습니다. 세 손님은 주인되는 아브라함이 근처 나무 그늘에 서 있는 동안 그것을 먹었습니다. 사라는 그들의 대화를 열심히 들었습니다. 이 때 아브라함에게 나타난 손님들은 보통 객(客)이 아니고 천사들이었으며, 그 중 하나는 사라가 아브라함에게 아들을 낳아 줄 것임을 선언하였습니다. 사라는 이 말을 듣고 코웃음 쳤습니다. 그러나 그 후에 방문객이 약속한 대로 아브라함에게 아들 이삭이 출생하였습니다.

4) 야곱의 가정(창 32,35장)

아브라함의 아들 이삭과 그의 아내 리브가에게 두 아들이 태어났을 때, 그 중 야곱은 동생으로 태어났으나 이스라엘 백성의 조상이 되었습니다. 얍복강가에서 천사와 더불어 씨름을 한 뒤에 그의 이름이 바뀌었습니다. "네 이름을 다시는 야곱이라 부를 것이 아니요 이스라엘이라 부를 것이니 이는 네가 하나님과 사람으로 더불어 겨루어 이기었음이니라"(창 32:28). 또한 벧엘에서 하나님은 야곱에게 일찍이 그의 조부 아브라함에게 주신 것과 비슷한 언약으로 "나는 전능한 하나님이라 생육하며 번성하라 국민과 많은 국민이 네게서 나고 왕들이 네 허리에서 나오리라 내가 아브라함과 이삭에게 준 땅을 네게 주고 내가 네 후손에게도 그 땅을 주리라"(창 35:11-12)고 하셨습니다.

야곱은 실제로 12지파의 족장들의 아버지가 되었습니다. 야곱은 첫째 아내 레아에게서 여섯 아들을 낳았습니다. 그들은 르우벤, 시므온, 레위, 유다, 잇사갈, 스블론입니다. 야곱이 가장 좋아한 아내 라헬에게서는 요셉과 베냐민을 낳았습니다. 그리고 야곱의 첩 실바는 갓과 아셀을 낳았으며, 둘

째 첩 빌하는 단과 납달리를 낳았습니다. 또한 요셉의 두 아들인 에브라임
과 므낫세도 지파의 족장이 되었습니다.

II. 신약성서적 배경

신약 성서의 가정관은 대체적으로 구약성서에서와 마찬가지입니다. 그러
나 신약의 가정관은 상징적인 의미로 많이 쓰이고 있습니다.

1. 예수의 가정관

예수님의 가정관에 대해 여러 각도로 연구하는 사람들도 있으나, 예수
님께서 가정에 대해 크게 언급한 곳이 별로 없습니다. 다만, 예수님이 이
땅에 오실 때 가족의 일원으로 오셨으며, 가족 중에서 생활하셨고, 공생애
에서는 가정을 축복하고 혼인 잔치의 기적(요 2:1-11)을 통해 혼인의 신성
을 나타내셨고, 아이들을 축복하신 점 등이 주목됩니다. 그리고 결혼과 가
정의 신성함(막 10:5-9)에 대해 창조 질서와 연결시켜 말씀하셨습니다. 특
히, 예수님은 결혼제도에 대한 적극적인 교훈보다 바리새인들의 이혼에 대
한 대답으로 결혼의 참뜻을 밝히고 있습니다. 예수님은 창세기 1장 27절과
2장 24절을 근거하여 바리새인들의 의도적인 질문에 하나님의 분명하신
뜻은 남녀가 부모를 떠나 배우자와 결합하여 한 몸을 이루는 것이며, 이 하
나된 것은 결코 사람이 나눌 수 없음을 천명했습니다.

다만 음행, 곧 모든 종류의 불법적인 성 행위로 인한 더 큰 죄악이 있을
때에는 이를 제하기 위하여 이혼이 불가피하게 허락될 수 있을 뿐이나 유대
인들처럼 정욕과 허영을 채우기 위해 타락의 행위로 이혼을 악용할 수 없음
을 분명히 밝히고 있습니다.

예수님은 가정이 일종의 생활 방편이나, 사회적 관계나, 개인적인 향락을 위한 것이 아님을 밝혀 주셨습니다.

2. 바울의 견해

바울은 신약시대 가정의 특성을 부부관계, 자녀관계, 생활윤리 등 여러 측면에서 강조하고 있습니다.

바울은 여러 그룹들에 대해 말하고 있습니다. 사회는 서로 비슷한 멍에를 메고 있는 여러 그룹들로 구성되어 있어서 서로 책임을 분담하고 있습니다. 첫째의 멍에는 남편과 아내 사이의 결혼이요, 둘째는, 부모와 자녀 사이의 매임이요, 셋째의 멍에는 주인과 종의 관계입니다. 이러한 집단에 바울은 각기 독특한 의무를 부과하고 있습니다.

바울의 견해를 요약하면 다음과 같습니다.

첫째, 하나님 없는 가정의 비참함을 열거하면서 '가정의 순결문제'를 다루었습니다. 하나님 없는 가정은 부도덕한 애정관계를 유발하고, 모든 불의한 죄악을 낳는다고 했습니다. 특히 고린도전후서와 갈라디아서는 음란한 자, 간음한 자들이 "하나님 나라를 유업으로 받지 못할 것이다"(고전 6:9-10)라는 사실과 부유하고 방탕하기로 이름난 항구도시 고린도의 기독교인들의 타락한 가정생활을 강력하게 지적했습니다. 그리고 데살로니가에 보내는 서신에서도 다음과 같이 가정의 순결한 사랑이 곧 하나님의 뜻임을 강조하고 있습니다.

"하나님의 뜻은 이것이니, 너희의 거룩함이나 곧 음란함을 버리고 각각 거룩함과 존귀함으로 자기 아내를 취할 줄을 알고 하나님을 모르는 이방인과 같이 색욕을 좇지 말고 이 일에 분수를 넘어서 형제를 해하지 말라, 하나님이 우리를 부르심은 부정케 하심이 아니요, 거룩케 하심이니 그의 성령을 주신 하나님을 저버림이니라"라고 하여 그리스도인들의 가정에 의를 세우기를 원했습니다.

둘째, 바울은 한 가정을 형성하는 사람들 가운데 지켜야 할 관계들을 그리스도와 교회의 관계, 그리스도와 신자의 관계에서 밝힙니다. 이것은 결혼과 가정의 신성함과 사랑의 질서와 복종의 관계를 말하는 것입니다.

바울은 아내들에게 교회가 그리스도께 하듯이 남편들에게 복종하라고 명하고 있습니다. "아내들이 자기 남편에게 복종하지 않는 한 그리스도께 순종할 수 없다"는 것입니다. 여기서 아내의 순종은 남편의 우월이나 아내의 열등에 기초한 것이 아니라 그리스도가 교회의 머리되심 같이 남편이 가정의 머리됨을 인정하는 것입니다(고전 8:11). 따라서 아내는 그리스도에게 어떻게 행할 것인가를 배움으로써 남편을 섬겨야 한다는 것입니다. 또한 바울은 남편들에게 남편이 갖는 권위가 가정의 폭군이 될 수 없다는 점을 에베소교회에 상기 시키면서 "그리스도께서 교회를 위하여 자신을 주심같이 아내를 사랑해야 함"을 강조하였습니다.

칼빈은 "만약 남편들이 그리스도의 형상을 소유했다면<그리스도의 인격을 나타내는 자라고 한다면> 마땅히 그 의무에 있어서도 그리스도를 닮아야 한다"고 바울의 말을 해석하고 있습니다.

결혼은 하나님께서 둘을 하나 되게 하기 위한 목적으로 세우신 것입니다. 이 말은 결혼에 대한 연합의 실례가 그리스도와 교회 사이에 존재하고 있다는 것입니다. 바울은 그리스도와 교회 사이의 영적 연합에 대한 놀람으로 "이 비밀이 크도다"(엡 5:32)라고 결론을 맺고 있습니다. 그리하여 잴 수 없는 비밀을 지닌 인간의 결혼은 '하나님 나라의 비유'가 됩니다.

셋째, 바울은 자녀들이 가정에서 지켜야 할 일, 즉 "주 안에서 부모에게 순종하라고 했습니다"(엡 6:1). 순종의 이유는 부모 공경의 증거가 되기 때문입니다. 그러나 부모에게 순종하므로 하나님께로부터 멀어지는 것은 용납되지 않기에 주 안에서 하라고 합니다.

넷째, 바울은 주의 교양과 훈계로 양육할 것을 명하고 있습니다.

다섯째, 바울은 부모와 자녀의 관계처럼 주인과 종의 관점에서 사랑과 복종의 가족관을 말하고 있습니다. 바울은 가정에서 일어날 수 있는 모든 관계를 밝히면서 그리스도인의 가정 문제는 하나님의 사랑과 원리와 그리스도의 교회에 대한 관계에서 해결해야 함을 강조하고 있습니다.

이상에서 신약에서의 기독교 가정은 성령의 역사 속에서 하나 되게 하시는 하나님의 강권하심에 따라 축복의 결과로서 나타납니다. 또한, 혈족의 한계를 넘어 그리스도 안에서 하나로 이루시며 하나님의 능력을 힘입어 그 사명을 다하게 합니다.

III. 가정의 신학적 이해

가정은 하나님의 창조의 섭리에서 시작된 것이며 가정은 하나님이 창시하였습니다. 그러므로 가정은 창조론적 근원을 지닙니다.

가정은 하나님의 성업으로 이루어진 후에 타락하므로 예수 그리스도의 지속적 구속의 대상이 되었습니다. 죄인인 가족 모두가 그리스도의 피로 구속 받아야 합니다. 그러므로 가정은 구원론적 근원을 바탕에 두고 있습니다.

가정은 성령 안에서 계속적으로 성화되어 성령의 인도에 의해 하나님의 가족으로 이어가야 합니다. 특히 가정은 마지막 날에 하나님의 가정의 일원으로 모두가 신령화 하여야 합니다. 그러므로 가정은 종말론적 근거를 지니고 있습니다.

가정은 하나님의 성업에 의해 창조되고, 그리스도의 십자가와 부활의 효험으로 속죄되고, 성령의 인도로 영광을 받은 지속적 신앙생활의 장이 되어야 합니다.

여기서 가정 창조의 본질적 목적과 가정의 타락, 그리고 그리스도로 말미암는 새 삶의 길, 즉 믿음으로 가정이 이루어지는 구원된 가정의 모습을 살펴보려고 합니다.

1. 창조 질서 안의 가정

기독교 가정은 하나님의 창조하신 남자와 여자의 본성에 근거를 두고 있습니다. 가정은 남녀 두 사람이 애정과 책임을 수반한 인격적, 육체적 연합을 이룸으로써 형성되는 하나님이 세우신 제도입니다. Helmut Thielicke에 따르면 생활의 첫 영역으로서의 가정은 확고한 창조질서에 속합니다. 이 창조질서로서의 가정은 남자와 여자가 결합하여 한 몸을 이룸으로 하나님의 뜻을 이룹니다.

"창조시로부터 저희를 남자와 여자로 만드셨으니, 그 둘이 한 몸이 될찌니라"(막 10:6-8). 이것이 낙원에서의 원래의 상태, 즉 하나님께서 의도하셨던 그대로의 결혼이며, 여기서는 하나님이 가정의 중심입니다.

가정 안에 남편과 아내의 관계는 어느 쪽도 다른 쪽을 지배함 없는 서로 사랑과 상호 존경의 최고의 시범 케이스라 할 수 있습니다. 부부관계는 본능을 초월하여 심령적 의의를 갖도록 승화된 것입니다. 하나님이 정하신 혼인에는 삶의 신비와 존엄과 거룩함을 높이 받드는 정신이 있습니다.

또한 가정에는 남성과 여성이 한 몸으로 함께 속해 있습니다. 즉 아담의 갈빗대(창 2:21)로부터 비롯된 여성의 창조는 남성과 여성이 함께 속해 있다는 사실의 본질적인 특성을 비유적으로 제시하고 있습니다. 동시에 이 창조 형식의 목표와 근저는 사람의 존재가 '동료 인간 안의 존재'로서 하나님에 의해 결정되어진다는 것을 가르칩니다.

창조기사에서 양성의 언급은 특별히 신학적 의미를 갖습니다. 즉 전체로서 동료의 개념을 지닌 상징적 의미를 갖습니다. 성(性)은 '동료인간' 규범 안의 일부를 말하는 것이라기보다 오히려 원형이며 대표적인 것을 말합니다.

가정 안에서 남자와 여자는 동일하게 창조자와 그의 행동에 직접 관련되어 있으며, 더욱 둘이 함께 땅을 정복하라는 명령의 축복을 받았습니다. 그리고 하나님을 대신하여 다스리라는 축복을 받았습니다. 즉 가정은 개인 완성의 매체로서 하나님의 대행으로 하나님의 통치를 구현할 수 있는 인간으로 창조한 것입니다.

하나님의 형상으로 창조된 그 형상은, 아담 가정이 부여받은 그 완전함을 의미합니다. 아담은 처음에 올바른 지력을 받았으며, 감정을 이성으로 조화했으며 일체 감각을 적절한 질서에 따라 다스리게 했던 것입니다.

칼빈은 하나님의 형상의 자리는 "정신과 마음 안"이라고 하면서 그것에 대한 약간의 빛이 비치지 않는 곳이 인간에게는 아무 데도 없다고 합니다. 피조된 인간이 그의 주(主)와 올바른 위치에 있다면 그 안에 신적인 영광이 반사된 것이며 따라서 그는 지상에서 신의 형상이 됩니다. 니젤은 하나님의 형상을 "창조주와 가지는 관계"로 말합니다. 하나님의 형상이란 인간이 창조된 때에 가졌던 그 어떤 무엇보다도 그 피조물인 인간이 창조자에 대해서 가지는 정당한 태도라고 말합니다.

칼빈은 이 하나님의 형상은 인간이 하나님의 말씀으로 인한 교통과 점진적인 변화를 통해서 창조된 하나님과의 특별한 관계를 가짐을 강조합니다. 이 특별한 관계란 하나님과의 교제로써 이는 하나님과의 거룩하며 신성한 연합을 뜻합니다. 즉, 응답과 복종, 상호의 사귐, 적절한 조화가 있을 것입니다.

이러한 창조주 하나님과의 관계로서, 하나님께 복종한 것을 깨닫는 것은 하나님과의 올바른 관계와 특별한 관계인 하나님의 형상 안에서만 가능함을 보았습니다. 또한 인간이 하나님 형상 안에 있을 때에 창조의 올바른 질서가 유지되고 인간도 올바른 자리에 있게 됨을 보았습니다. 즉 창조질서 안에서의 가정은 하나님과의 올바른 관계를 가지며 하나님이 그 가정의 중심이었습니다.

2. 창조 질서 파괴 이후의 가정

인간의 타락은 하나님의 창조질서를 파괴하는 것이었으므로 인간사회
는 많은 결함을 가져오게 되었습니다. 따라서 타락한 인간들로 구성된 가정
도 타락상태의 가정일 수밖에 없습니다. 즉 인간은 하나님의 형상이 상실됨
으로 말미암아 창조질서의 안전성이 근본적으로 파괴됨으로써 그들이 형성
하는 어떠한 공동체일지라도 타락한 공동체일 수밖에 없는 것입니다. 원래
하나님은 인간의 타락에도 불구하고 가정은 파괴하지 않았습니다. 그러나
인간의 타락으로 인하여 일어나는 죄의 결과는 다양했습니다.

아담과 하와가 하나님께 불순종하므로 부끄러움을 알게 되었고(가리움),
인간의 최고 경사인 자녀 출산에 해산의 고통을 겪게 되었으며, 땀을 흘려
야 먹을 것이 생기게 된 것입니다. 또한 인간의 타락은 인간을 본질상 진노
의 자식이 되게 합니다. 그리하여 하나님께 대한 반항과 불순종, 불신앙 뿐
아니라 가정의 가족 상호간에서도 불신과 이기심, 시기, 질투 등 불화의 요
소들이 등장하게 되어 때로는 별거 혹은 이혼, 가출 등 파탄에 이르기까지
하는 것입니다.

그리고 인간의 타락으로 가정 안에 치명적인 상처를 준 것은 폭력의 탄
생입니다. 즉 가정 안에서 인간 최초의 살인 사건이 일어나게 되므로 죄의
결과는 폭력과 죽음임을 입증해 줍니다. 또한 인간의 타락은 배우자를 떠난
간음의 형태로 나타나고 일부다처의 현상으로도 나타나게 됩니다.

불순종 이후 타락된 인간은 그 인격이 파괴되고 그 죄가 전 인류에게 유
전 되어 인간 본성마저 부패하고 파멸되어 기형이 되었습니다. 이로 인해
음행과 온갖 더러움, 불순종, 이기심, 악 등 죄성에 빠져버렸고 갈등과 고
민, 생활주기를 통한 위기마저 오게 된 것입니다. 가정도 이 상태에서 예외
일 수는 없는 것으로 구속의 대상이 됩니다.

3. 새 창조질서 안의 가정

인간의 타락으로 하나님으로부터 멀어져 하나님과의 관계가 단절된 가정이 중보자 예수 그리스도의 구속의 은총을 통하여, 자기 소외로 단절된 하나님과의 교제를 가능케 함으로써, 하나님이 제정하신 가정의 본래의 모습으로, 하나님이 그 가정의 중심이 되는 가정을 이루게 되는데 이것이 기독교 가정의 본질입니다.

그리고 기독교 가정은 하나님을 믿는 신앙 가운데 세워지고 기독교적 소망 가운데 사는 가정입니다. Leon Smith와 Edward D. Steples 그리고 Oscar E. Feuht가 말하는 기독교 가정의 본질적 요소를 요약하면 다음과 같습니다.

첫째, 기독교 가정은 예수 그리스도께 헌신하는 두 사람 이상으로 이루어져야 합니다. 그리스도인은 예수 그리스도 안에서 하나님을 경험하고 그 사랑 안에서 신앙으로 복종하여 예수 그리스도에게 헌신하는 사람입니다. 기독교 가정의 근본적인 징표는 주이신 예수 안에서의 신앙입니다. 그러나 주를 고백할 수 없는 어린 나이의 자녀나 성장했어도 신앙에 부정적인 자녀를 가진 가정도 기독교 가정이라 할 수 있습니다. 왜냐하면 기독교 가정은 완성된 것이 아니라 만들어지는 과정 중에 있을 수 있기 때문입니다(being이나 becoming 모두 포함).

둘째, 기독교 가정은 하나님의 자녀로서 부부관계, 어버이 됨, 가족관계가 충실해야 합니다. 기독교 가정은 장녀법이 아닌 하나님의 언약 아래 충실해야 합니다. 하나님의 언약으로서 결혼은 개인적인 만족이나 사회의 외부 압력이 아닌, 기독교적 사랑과 신실에 기초가 거룩한 관계인 것입니다. 그러므로 기독교 가정은 각 개인들의 요구와 가정 전체의 요구가 잘 조화를 이루어야 합니다. 기독교 가정은 자신을 존중하고 타인을 존중하는 것이 특징입니다.

셋째, 기독교 가정은 예수 그리스도 안에서 공동신앙과 '기독교인'이라는 같은 이름을 가집니다. 가족은 '김씨', '이씨' 등의 같은 성을 갖는 것처럼 기독교 가정은 '기독교인'이라는 한 이름을 갖습니다. 이름이 하나라는 것은 서로 동일하다는 것이 아닙니다. 생활의 질을 표현한 것입니다. 기독교 가정은 하나님께서 하시길 원하시는 역사적 뿌리를 갖고 있습니다.

넷째, 기독교 가정은 가족들의 관계의 질에 의해 드러납니다. 기독교 가정의 관계는 성령 안에서 삶을 추구하여 하나님의 자녀로서 각 사람을 존중해야 합니다. 하나님이 자신을 있는 그대로 받아들이므로 자신도 남을 있는 그대로 받아들이는 것입니다.

기독교 가정은 하나님의 사랑을 위한 통로입니다. 이 사랑은 감상적인 것이 아니라 자신을 희생하며 참으로 돌보는 것입니다. 하나님은 사랑의 원천이므로 사랑은 하나님으로부터 나와야 합니다. 기독교적 사랑은 가족 안에 강한 일체감을 만들어 줍니다. 하나님이 보시기에 우리는 같으므로 가정은 '우리의식'을 가져다줍니다. 하나님의 은혜를 경험하고 하나님의 활동을 믿는 그리스도인은 문제에 직면하면 최선으로 해결하려고 노력합니다. 그리고 기독교인은 성령의 인도를 받습니다.

다섯째, 기독교 가정은 세상에서 '제자의 직분'을 수행하려는 사명감이 있습니다. 기독교 가정은 사회제도로서의 한 단위가 아니라, 이 사회에 '하나님의 나라'로서의 한 단위입니다. 제자의 직분을 수행하기 위하여 기독교 가정은 이 세상에서 교회가 되도록 힘써야 합니다. 따라서 기독교 가정은 하나님께 책임적으로 응답하는 청지기직입니다.

여섯째, 기독교 가정은 일반가정의 문화와는 달리 그 문화가 기독교 전통과 가치에 의하여 계발되고 기독교 정신을 전달해 주어야 합니다. 기독교 문화의 원천은 성서이고 문화를 전달하는 주요기관은 교회와 가정입니다.

기독교 가정은 교회의 의식, 즉 세례와 성찬식 등에 온 가족이 함께 참여하여 자녀들이 기독교에 대한 이해와 신앙 속에 자라게 해야 하며, 또 가정에서 생일축하, 식사기도, 성서연구, 기도회나 예배에 다함께 참여하는 것은 그들의 이해와 신앙을 자라게 하고, 가정을 하나로 묶는 이중의 가치를 갖게 됩니다.

집안의 기독교적 분위기는 가정에 스며들어 있는 기독교적 정신에 의해 알 수 있습니다. 이 정신은 가족의 친밀감, 하나 됨, 성령의 임재로써 신뢰, 믿음, 사랑, 이해, 감사, 기쁨, 서로 도움, 하나님께 헌신 등으로 알 수 있습니다.

기독교 가정은 하나님을 믿는 신앙 가운데 확고히 서서 기독교적 소망 속에서 사는 가정입니다. 따라서 기독교 가정의 삶은 일반적 가정 위에 기초합니다.

Ⅳ. 기독교 가정의 목적

기독교 가정은 그 자체가 목적이 아니고 하나님의 나라 확장이라는 더 크고 중요한 목적을 위한 수단입니다. 이것은 그리스도인의 최고 충성이 가정이나 가정 구성원에게 있어야 하는 것이 아니라, 그리스도에게 있어야 함을 의미합니다. 따라서 기독교 가정은 식사기도, 가족 기도회, 성서를 읽고 온 가족이 교회에 나가는 것으로 되는 것이 아닙니다. 우리는 목적과 종교의 수단을 동일시하는 실수를 범해서는 안 됩니다. 기독교 가정은 그 이상일 것입니다.

예수님도 가정 자체에 목적을 두지 않고 하나님 나라 확장을 위한 수단으로 보며, 다음과 같이 말씀하셨습니다.

"아비나 어미를 나보다 사랑하는 자는 내게 합당치 아니하고, 아들이나 딸을 나보다 더 사랑하는 자도 내게 합당치 아니하고", "이르시되 내가 진실로 너희에게 이르노니, 하나님의 나라를 위하여 집이나 아내나 형제나 부모나 자녀를 버린 자는 금세에 있어 여러 배를 받고 내세에 영생을 받지 못할 자가 없느니라 하시니라."

T. B. Maston은 기독교 가정의 목적을 "종족 보존(번식)이나 이해와 사랑과 교제를 제공하는 장소는 물론이고 아버지의 뜻대로 행하는 것"이라고 했습니다(마 12:46-50).

여기 아버지의 뜻이란 하나님의 나라인데, 가정은 그 하나님의 나라를 세우는 역할과 세계를 변화시키는 데 기초가 됩니다. 따라서 기독교 가정의 목적은 하나님의 명령을 지키는 것입니다. 그 명령은 제자를 삼는 일이요, 가르쳐 지키게 하는 증인공동체가 되는 것입니다. 증인공동체는 하나님을 영화롭게 하고 그를 영원토록 즐거워하는 책임과 의무가 있습니다. 따라서 기독교 가정은 사랑의 교제, 전도, 교육, 봉사의 가정, 교회로서의 목적이 있습니다. 하나님은 기독교 가정에 미리 주님의 나라를 세우기 위해 저들의 가정에 거하십니다(계 21:3).

제 3 장 가족 구성원의 역할과 책임

　가정은 사회를 구성하는 가장 작은 단위입니다. 가정은 사회를 지탱해 주는 기본적 요소이면서 그 자체로도 완벽한 하나의 사회를 이루고 있습니다.

　가정은 사랑에 의해 지배되고 있으며, 그 사랑은 헌신적이고도 열정적인 것입니다.

　인간은 가정을 통해서 처음으로 사회를 배우며 상호관계를 습득하게 됩니다. 이 작은 모임 속에서 인간은 그보다 더 큰 사회에서 적응할 수 있는 능력을 기르고 세상을 살아가는 법을 배우게 됩니다. 그러므로 어린 시절에 행복한 가정생활을 보낸 사람들은 어른이 되어서도 원만한 사회생활을 영위하지만, 불행한 어린 시절을 보낸 사람은 사회에 잘 적응하지 못하고 정신적인 갈등과 도피 속에 살아가게 되는 것을 종종 볼 수 있습니다.

　어릴 때의 가정생활은 부모의 절대적인 영향권 안에서 부모를 모방하고 동일시하는 생활이며, 그 가운데서 삶을 살아가는 태도를 정립시키는 시기입니다. 그렇게 때문에 가정에 있어서 부모의 역할과 책임은 참으로 중요한 것이며, 그들의 일생뿐만 아니라 그들의 자녀들, 그 뒤의 후손들에게까지 영향을 미치는 요소가 됩니다. 행복한 가정을 만드는 것은 부모들의 책임이며 부모들은 자녀들과 협력하여 아름다운 가정을 가꾸는 데 최선을 다해야 합니다.

Ⅰ. 부모의 역할과 책임

1. 부모들에 대한 하나님의 명령

부모의 소명에 대한 가장 간단하면서도 포괄적인 말씀은 바울의 편지인 에베소서에 기록되어 있습니다. "또 아비들아 너희 자녀를 노엽게 하지 말고 오직 주의 교양과 훈계로 양육하라"(엡 6:4).는 말씀이 바로 이 말씀입니다.

이 말씀이 의미하는 바는 부모들에 대한 하나님의 명령이 사랑, 훈계, 가르침의 세 가지로 요약될 수 있습입니다.

부모의 책임에 대한 이와 같은 가르침은 아버지이신 하나님을 그대로 모방한 것입니다. 즉 아버지이신 하나님은 자녀인 인간을 사랑과 훈계와 가르침으로 대하신다는 것입니다. 하나님은 사랑으로 그의 자녀들을 대하시고 가르침을 주십니다. 가르침을 거부하는 자녀들에게는 엄한 훈계로 징벌하셔서 가르침을 따르도록 합니다. 그러나 이 훈계 뒤에는 언제나 자녀를 아끼고 사랑하는 마음이 숨어 있다는 것을 알아야 합니다. 그러므로 인간은 하나님의 가르침과 훈계를 만홀(漫忽)히 생각해서는 안 되며, 감사함으로 받아들여 하나님이 주시는 축복과 상급을 얻어야 합니다. "내 아들아 주의 징계하심을 경히 여기지 말며 그에게 꾸지람을 받을 때에 낙심하지 말라 주께서 그 사랑하시는 자를 징계하시고 그의 받으시는 아들마다 채찍질하심이니라, 하나님이 아들과 같이 너희를 대우하시나니 어찌 아비가 징계하지 않는 아들이 있으리요 징계는 다 받는 것이거늘 너희에게 없으면 사생자요 참 아들이 아니니라"(히 12:5-8).

이처럼 하나님의 징계는 복수나 미움이 아닌 사랑의 표현이라는 것을 생각하면서 부모들은 자신들에게 주어진 하나님의 명령을 실천하도록 해야 합니다.

(1) 부모들은 자녀들을 잘 가르치도록 노력해야 합니다. "마땅히 행할 길을 아이에게 가르치라 그리하면 늙어도 그것을 떠나지 아니하리라"(잠 22:6)는 말씀처럼 부모들은 자녀들에게 하나님이 명령하시는 바를 깨닫도록 도와주고 하나님의 말씀대로 살도록 이끌어 주어야 합니다.

특히 부모들은 자녀들에게 자신의 욕망과 야심을 대행하도록 강요해서는 안 됩니다. 부모들은 하나님의 말씀대로만 자녀들을 양육해야 하며 늘 자신을 돌아보아 하나님 앞에 어긋남이 없는가를 반성하는 태도를 가져야 합니다.

또한 잘 가르치기 위해 부모들은 자녀들이 원하는 바를 정확하게 이해하고 지도하는 습관을 가져야 합니다. 자녀들에 대한 가르침은 부모들이 모든 일에 솔선수범함으로써 자녀들에게 본을 보여야 합니다. 특히 부모들이 자녀들에게 가르쳐야 할 것은 믿음, 진실성, 그리고 정숙한 마음인데 이 세 가지는 기독교의 기초적 덕목으로서 그리스도인이 꼭 지녀야 할 내용들입니다.

불신, 거짓, 부도덕 등은 그리스도인을 죄악의 구렁텅이로 몰고 갈 뿐 아니라 마귀의 노예로 만듭니다. 부모들은 자녀들이 이런 악덕에 물드는 것을 항상 경계하고 신앙적인 차원에서 지도하는 일을 게을리 하지 말아야 합니다.

(2) 부모들은 자녀들을 훈계하고 채찍을 드는 것을 하나님의 명령이라는 것을 알아야 합니다. 제사장 엘리는 그 아들들을 훈계하지 못했다는 이유 때문에 하나님께로부터 징벌을 받았습니다(삼상 3:13-14).

부모의 훈계와 자녀의 순종은 하나님의 명령이라는 것을 인식할 때 부모들은 하나님이 주신 권위를 가지고 자녀들을 양육할 수 있으며, 하나님의 양자라는 측면에서 자녀들을 존중할 수 있게 됩니다.

성서는 자녀를 진실로 사랑한다면 훈계와 채찍을 아끼지 말아야 한다고 가르칩니다(잠 13:24). 채찍을 들지 않는 것은 사랑이 아니라 감상이며 좀 더 심하게 말하면 <미움>이라고 할 수 있습니다. 대부분의 부모들은 채찍을 최후수단으로 생각하는 잘못을 범하고 있습니다. 설득과 호소와 감언이설과 위협이 실패했을 때 자포자기한 심정으로 부모들은 채찍을 듭니다.

그러나 성서는 채찍을 하나님의 뜻에 대한 순종 가운데서 부모가 취하는 최초의 행위라고 말하며 하나님의 훈계를 받아들이게 하는 적극적인 교정 수단이라고 말합니다(잠 29:15, 히 12:11).

(3) 훈계와 채찍보다 더욱 중요한 것은 사랑과 용서입니다. 부모들이 하나님의 말씀대로 자녀를 양육하기 위해서 채찍을 들었다면 그 후에 부모는 자녀와 함께 하나님 앞에 용서를 구함으로써 채찍의 행위가 감정적인 것이 아니라 사랑의 마음에서 우러나온 것임을 자녀들이 느끼도록 해주어야 합니다.

가정의 행복과 평안은 훈계와 채찍보다 더욱 중요합니다. 가정에서 즐거움을 모르고 자라는 자녀들은 가정의 중요성을 알지 못할 뿐만 아니라 심지어는 가정이 필요 없다고까지 생각하게 됩니다.

그러므로 부모들은 자녀들의 올바른 성장을 위하여 화목하고 사랑이 넘치는 가정의 분위기를 만들어야 하며, 부모와 자녀들 사이에 신뢰가 두텁고 사랑의 표현이 넘치는 가정이 되도록 힘써야 합니다.

2. 아버지의 역할

초기 히브리 가족제도에 대한 기록은 아버지가 가족의 창설자요, 지배자라는 가장 중심의 형태를 보여줍니다.

창세기 5장에는 노아의 홍수 이전 8세대에 걸친 가장들의 이름이 기록되어 있는데, 이것은 아담으로부터 노아에 이르기까지 아버지가 지배적인 위치에 있었다는 것을 보여줍니다. 노아 이후의 족장시대에 있어서도 아버지의 권위는 절대적이었으며, 아버지는 가족 구성에 있어서 가장 핵심적인 인물이었습니다.

가장인 아버지는 아내와 자녀들과 종들과 재산을 자기 마음대로 관리할 수 있었습니다. 그러나 이러한 권한은 가장만을 위해 사용하도록 부여된 것이 아니고, 가족 전원의 안전과 복지를 위한 것이었습니다. 아내와 자녀들은 아버지를 절대적으로 신뢰하고 존경했으며 아버지는 지극한 사랑으로 그들을 보살폈습니다. 또한 가장은 가족에 대한 물리적 보호뿐만 아니라 영적 진리 보호의 책임도 함께 가지고 있었습니다.

아브라함이 하나님의 부르심에 응답하고 가나안으로 이주했을 때 하나님께서는 아브라함 자신뿐만 아니라 그의 자손들에게도 축복 주실 것을 약속했습니다. 아브라함은 그의 후손들에게 여호와의 도를 따르도록 가르치고 하나님의 율법을 실천하게 함으로써 바르고 선한 일을 하도록 가르쳤습니다. 그렇게 함으로써 아브라함은 자기 후손들에게 주신 하나님의 축복의 약속을 효력 있는 것으로 만들어 놓았습니다. 이처럼 가족의 참다운 힘은 영적인 것에서 나왔다고 믿기 때문에 히브리의 가장들은 하나님께서 그들을 어떻게 사랑하셨나 하는 것을 자녀들에게 가르치고 이해시켜야 할 책임을 가지고 있었습니다.

이런 전통 속에서 성서는 아버지를 자녀들의 교사요 영원한 복지로의 인도자로 묘사하고 있습니다.

아버지는 자녀들을 사랑하지만(창 37:3), 때로는 책망도 했습니다(창 34:30). 아버지는 또한 자녀들을 가르치며(잠 1:8), 그들을 인도하며(렘 3:4), 격려하고 위로하며 그들을 적당하게 훈계합니다(엡 6:4). 히브리의 아버지들은 다른 곳의 아버지들처럼 자녀들을 즐겁게 했으며 벌을 주기도 했습니다(잠 3:12). 그들은 자녀들의 고통을 동정했으며(시 103:13), 자녀들의 어리석음을 슬퍼했습니다(잠 17:25).

히브리 아버지들의 이러한 역할은 현대에도 적용될 수 있습니다. 신앙의 가정에서 아버지는 가족의 중심에 서서 그들을 보호하며 영적인 진리의 수호자로서 모든 악의 세력으로부터 자녀들을 안전하게 지켜주어야 합니다. 또한 하나님의 사랑을 깨닫게 해주고 신앙의 삶을 살도록 도와주는 것도 아버지의 역할이라고 볼 수 있습니다.

3. 어머니의 역할

히브리 사회에 있어서 가장 존경받는 어머니는 아들을 가진 어머니였습니다. 오랫동안 아이를 가지지 못한 사라에게 하나님은 "내가 그에게 복을 주어 그로 열국의 어미가 되게 하리니"(창 17:16)라는 약속을 해주심으로 자녀를 낳을 수 있다는 희망을 주었습니다.

히브리 가정에서는 자녀를 낳지 못하는 것을 하나의 재앙으로 생각하기 때문에 첫 아이가 출생할 때, 특히 아들을 낳았을 때에는 온 가족이 함께 기뻐합니다.

이처럼 히브리 여인에게 있어서 어머니로서의 첫 번째 역할은 자녀를 생산한다는 것이며, 이것은 히브리 여인에게 긍지와 자부심을 주는 한 요소가 되었습니다. 또한 히브리 어머니는 자녀를 낳는다는 것 이외에 가족의 생활면에서도 괄목할 만한 권위를 가지고 있었습니다. 이러한 예를 성서에서 찾아본다면 사라는 아브라함에게 하갈을 추방하도록 종용하였고(창 21:10) 아브라함은 자발적이긴 했지만 이에 순응하였습니다. 리브가는 야곱이 그의 형제 에서에게 장자의 축복을 빼앗도록 야곱을 선동하였습니다(창 27:6-17).

어떤 부분에서는 어머니의 권위를 아버지와 동등하게 취급하기도 합니다. 율법은 자녀들로 하여금 양친을 똑같이 존경해야 한다고 규정하고 있습니다. "네 부모를 공경하라 그리하면 너의 하나님 여호와가 네게 준 땅에서 네 생명이 길리라"(출 20:12), "내 아들아 네 아비의 훈계를 들으며 네 어미의 법을 떠나지 말라"(잠 1:8) 등과 같은 구절은 아버지와 어머니의 지위를 동등한 입장으로 생각하는 귀절들입니다.

또한 잠언 1장 8절, 6장 20절, 15장 20절 등에는 어머니에 대한 존경과 복종에 대해서 기록되어 있는데, 어머니에게 가정에서의 절대적인 권위를 부여하여 자녀들로 하여금 어머니에 대한 멸시나 반항 등의 행위를 하지 못하도록 하고 있습니다.

또한 어머니는 자녀를 교육하고 보호하는 역할을 하기도 합니다. 성서에서는 자녀가 어머니로 인하여 잘 되기도 하고 잘못되기도 한다는 것을 보여줍니다. 어머니 한나의 기도와 사랑은 위대한 사사 사무엘을 탄생시켰으며(삼상 1:21-28, 2:28, 2:18-21), 헤롯왕의 아내 헤로디아는 그의 딸로 하여금 세례 요한의 목을 요구하도록 종용했습니다(마 14:3-12). 이스라엘 어미(삿 5:7)라고 불리어진 여사사(女士師) 드보라는 가정의 범주를 초월하여 이스라엘 전 민족에 대한 어머니로서의 기능을 수행하면서 그 백성들을 지켜주고 그들이 나아가야 할 방향을 제시해 주기도 했습니다. 열왕기서와 역대기에는 특히 왕의 어머니들에 대해 기록하고 있는데, 거의 대부분의 통치자들이 어머니의 인격에 좌우되고 있다는 것을 발견할 수 있습니다.

Ⅱ. 자녀의 역할과 책임

1. 자녀들에 대한 하나님의 명령

자녀들에 대한 하나님의 명령은 "자녀들아 모든 일에 부모에게 순종하라"(골 3:20)고 하는 한 마디의 명령으로 요약될 수 있습니다. 자녀와 하나님께 대한 관계는 자녀가 양친에게 바치는 순종에 대한 직접적인 관계를 통하여 개선되고 증가되어집니다. 사도 요한은 "어찌 보이는 형제를 사랑하지 못하는 자가 보이지 않는 하나님을 사랑할 수 있겠느냐"는 권면을 통하여 부모 형제와의 관계가 하나님 관계와 밀접하게 연관되어 있음을 보여줍니다(요일 4:20). 자녀들에 대한 순종의 명령에는 어떠한 예외도 언급될 수 없습니다. 그렇다면 부모들이 그릇된 명령을 하였다고 느낄 때 자녀들은 어떻게 해야 하는가하는 문제가 생길 수 있습니다. 하지만 이 문제는 그리 심각한 것은 아닙니다.

성서는 "자녀들아, 너희 부모가 옳을 때 순종하라"고 말하지 않고 "비록 너희 부모가 그릇되더라도 주 안에서 순종하라 이것이 옳으니라"(엡 6:1)고 말했습니다. 그러나 이 말씀 가운데는 깊이 생각해보지 않으면 오해하기 쉬운 요소가 들어있습니다.

(1) 이 말씀 속에서 깊이 생각해야 할 점은 부모에 대한 일반적 이해입니다. 즉 부모란 어떠한 특성을 가지고 있으며 일반적으로 자녀에 대해서는 어떤 태도를 취하는가 하는 문제에 대한 이해입니다. 부모에 대한 문제는 앞에서도 살펴보았듯이, 부모는 자녀를 사랑하며 잘 되도록 도와주고 훈계하며 보살펴주는 역할을 합니다.

부모의 사랑은 하나님의 사랑과도 흡사해서 자녀들에게 무조건적이며 헌신적인 태도로 사랑을 줍니다. "너희 중에 누가 아들이 떡을 달라 하면 돌을 주며 생선을 달라 하면 뱀을 줄 사람이 있겠느냐 너희가 악한 자라도 좋은 것으로 자식에게 줄줄 알거늘"(마 7:9-11). 이와 같은 예수님의 말씀은 자식에 대한 부모의 사랑을 드러내 보여주며 악한 부모라 할지라도 자녀에게 나쁜 것은 요구하지 않는다는 것을 가르쳐줍니다.

그러므로 부모의 그릇된 명령이라 할지라도 그 명령은 자녀를 구렁텅이로 몰아넣으려는 것이 아니므로 자녀들은 그 명령까지도 순종해야 한다는 것입니다.

(2) 또 한 가지 유의해야 할 것은 '주 안에서'라는 말입니다. 반항보다는

순종하는 쪽이 가정의 화평과 부자(父子)간의 애정을 깊게 하지만 만일 부모가 주의 가르침에 어긋나는 것을 명령한다면 자녀들은 과감히 그것을 수정토록 요구해야 합니다. 부모들은 주 안에서 자녀들을 가르치고 지도해야 하며, 주의 말씀을 거스르는 일을 자녀에게 강권하는 것은 옳지 못한 것임을 명심해야 합니다. 그 이유는 부모의 권위가 자신들의 권위가 아니라 하나님이 저들에게 주신 것이기 때문입니다.

자녀들의 순종은 내적 경건의 기초 위에 세워지는 것이기 때문에 끊임없는 신앙훈련이 필요하며 부모에 대한 순종은 하나님께 대한 순종임을 깨닫는 것이 중요합니다.

부모에 대한 순종은 자녀가 성장해서 부모의 지배에서 벗어날 때 저들이 바쳐야 할 하나님께 대한 독립적이고 직접적인 순종을 위한 수련이 됩니다. 자녀들은 순종을 배우는 것이 영적 생활의 기본 법도를 배우는 일인 것으로 알고 순종하는 생활을 통하여 하나님의 임재와 축복을 경험하도록 힘써야 합니다.

2. 자녀의 역할

(1) 자녀의 사회화 과정

한 가족 내의 인간관계는 하나의 구조를 이루고 있으며, 각 구성원은 각자의 지위나 역할을 담당하도록 되어 있습니다.

갓 태어난 생물학적인 개체로서의 자녀들은 가족이라는 테두리 안에서 가족 구성원들의 보호 아래 양육되어집니다. 자녀들은 가족이라는 조직체 안에서 언어와 생활을 배우고, 사회의 다른 구성원들과 어울려 살아가기 위한 가치, 지식, 행동들을 학습하게 됩니다. 자녀들은 부모와의 상호관계를 통해서 또는 부모의 성격이나 생활태도를 통해서 이러한 지식을 습득하게 됩니다. 특히 가정생활 가운데서 자녀들은 성적(性的) 역할을 배우게 되며,

남아는 아버지를 통하여 남성적 역할이 무엇인가를 터득해 나갑니다. 이러한 과정을 거치면서 자녀들은 자신의 성적 역할을 깨닫게 되고 그에 걸맞는 행동을 하게 됩니다.

자녀들이 어느 정도 성장하면 가족관계를 떠나 타인과 관계를 맺게 되는데 그때부터 그들은 사회적 지위를 획득하게 됩니다.

그러나 그 지위는 자신들이 쌓아올린 것이 아니라 가족관계로부터 자연히 얻어진 것입니다. 즉 아버지의 사회적 지위에 따라 결정된 지위인 것입니다. 자녀들은 이 지위 위에 자신의 교육수준 등을 첨가하여 사회 내에서 자신의 위치를 만들어 가게 되며 최종 학교 졸업 후에는 자신의 독자적인 사회적 지위를 확립하게 됩니다.

이상과 같은 것들은 인간이 필연적으로 걷게 되는 사회화 과정이며 이 과정 속에서 인격과 삶의 태도 등이 결정되어집니다.

(2) 가족관계에 있어서 자녀의 역할

가족관계 속에서 자녀들은 부모를 영화롭게 해주는 역할을 합니다. 지혜롭고 현명한 자녀는 부모 머리에 씌운 관 같아서 부모를 기쁘게 합니다(잠 10:1). 훌륭한 자녀를 가진 부모는 뭇 사람들의 칭송을 받게 되고 이것은 부모들이 누릴 수 있는 최대의 영광이 됩니다. 또한 자녀들은 가정을 화목하고 즐겁게 만드는 데 일익을 담당해야 합니다. 가정의 불화는 부모들에게 원인이 있을 수도 있지만 자녀로 인하여 야기될 수도 있습니다. 사사건건 부모의 말씀에 불순종하는 자녀들은 가정의 불화를 조장합니다. 이런 자녀들은 늘 부모를 근심시키고 결과적으로는 자신들까지 파멸로 몰아가게 됩니다. 악한 자녀는 양친을 욕되게 하며 불순종하는 자녀는 가정의 평화를 깨뜨리게 됩니다.

부모에게 무례하고 분별없었던 삼손은 이방 여자의 꾐에 빠져서 눈을 뽑히고 맷돌을 돌리는 신세가 되었으며 그의 동족에까지 누를 끼치는 잘못을 범하게 되었습니다(삿 15:16). 이와는 반대로 부모를 공경하고 부모에게 순종하는 자녀는 가정을 일으켜 세우고 영화롭게 만듭니다. 아브라함을 정성껏 공경하고 그 말씀에 순종 잘 하던 이삭은 늙고 병들어 죽을 때까지 뭇 사람들의 칭송을 받았으며(창 26:26-33), 아버지 야곱을 극진히 사랑하고 공경하였던 요셉은 어려운 시험 가운데서도 승리하여 심한 기근 때문에 죽어가는 그의 가족을 구원하였습니다(창 43:).

3. 자녀들 사이의 관계

같은 부모 아래서 자라난 자녀들은 대개 서로 긴밀한 우애로 결합되어 있으며, 부모의 사랑에 감싸여 있던 즐거운 어린 시절에 대한 공통된 추억을 간직하고 있습니다. 공통의 경험을 가지고 있는 형제자매들은 서로 간에 깊은 관심을 가지고 살아가게 되며 삶의 과정 속에서 애정과 우애가 넘치는 아름다운 관계가 이루어지게 됩니다.

그러나 성서는 이렇게 아름다운 형제자매 관계만을 말하지 않습니다. 가인이나 압살롬이 그의 형제를 살해한 이야기나 야곱이 그의 형 에서를 속인 이야기, 요셉이 형제의 손에 팔리게 된 이야기 등이 바로 그것입니다. 탕자의 비유에서도 형제간의 알력과 불화에 대한 이야기를 찾아볼 수 있습니다.

이런 이야기들은 형제간이라 해서 자연적으로 우애가 생기는 것이 아니라, 현명한 부모의 도움과 함께 자녀들이 스스로 서로 사랑하며 관심을 가지고 도우려는 데서 생겨난다는 것을 지적해 주고 있습니다.

그렇다고 해서 형제간의 아름다운 우애를 다룬 이야기가 성서에 없다는 것은 아닙니다. 성서에는 형제간의 우애와 서로 협력하려는 신의가 넘치는 이야기들이 많이 있습니다. 그 예를 몇 가지 들어본다면 리브가가 결혼을 위해 여행을 떠날 때 그의 오라버니 라반은 그녀에게 축복을 빌어 주었습니다(창 24:60). 요셉은 옛날에 자기를 학대하였던 형들 앞에서 자기의 신분을 밝히면서 눈물을 흘렸고(창 45:1-15), 모세의 어린 누이는 갈대상자에 든 동생을 지키기 위해 나일 강변에 숨어 있었으며(출 2:4), 아론은 그의 동생 모세를 만날 때 심히 기뻐하였습니다(출 4:14,27).

신약성서에도 이런 이야기는 많이 있습니다. 마르다와 마리아의 이야기는 그들의 헌신적인 봉사와 우애를 발견할 수 있습줍니다(눅 10:38-42). 또한 예수는 그를 따르는 제자들을 형제로 표현하셨습니다(마 23:8).

초대교회에 있어서 사랑과 우애로 뭉친 그리스도 안에서의 형제자매들은 서로 격려하며 그리스도를 전파하는 데 죽기까지 헌신하였습니다. 이처럼 형제자매간의 우애와 사랑은 가정을 화평케 할 뿐만 아니라 그리스도의 영광을 드러내는 힘이 된다는 사실을 기억하고 형제자매의 관계가 원만하도록 부모와 자녀는 함께 노력해야 합니다.

III. 부모와 자녀의 관계

1. 부모와 자녀관계의 사회화

자녀의 인격을 형성하는 데 가정의 분위기가 결정적인 영향을 미친다는 연구결과가 여러 학자들에 의해 보고되었습니다. 일찍이 버게스(E. W. Bergess)와 터만(L. M. Terman)은 행복한 결혼을 한 사람들은 행복한 결혼생활을 하는 부모에게서 자라났다고 하였고, 페이네(D. E. Payne)와 뮤센(P. H. Mussen)은 부자관계가 원만하여 아들이 아버지에 대해 애정적이고 아버지를 선망의 대상으로 느낄 때에는 아들이 아버지를 똑같이 닮게 된다고 하였으며, 하텁(W. W. Hartup)은 여아의 여성다움은 그 어머니와의 관계가 원만하여 어머니를 모방함으로써 닮는다고 하였습니다.

이상과 같은 보고들은 부모의 행동이 아동의 성격이나 인격에 영향을 미치고 있다는 것을 보여줍니다. 부모의 여러 가지 행동, 즉 허용적이거나 과잉보호적 또는 거부적 행동들이 아동들에게 다양하게 영향을 미치게 되는데 부모의 이러한 행동들은 일반적으로 다음과 같은 결과를 가져오게 됩니다.

적당히 허용적이거나 민주적인 부모와 자녀의 관계는 아동들의 자신감과 창의성, 독립성, 협동성을 길러줍니다. 구속적이거나 과잉보호적인 부모와 자녀의 관계는 비굴하거나 의존적인 자녀를 만들어냅니다. 그리고 빈번한 처벌도 역시 자녀를 공격적으로 만듭니다.

부모가 자녀에 대해 극단적인 대우를 하는 것도 바람직한 영향을 주지는 못합니다. 예를 들어 극도로 허용적인 부모의 태도는 자녀들에게 무관심 내지는 거부적인 것으로 받아들여지기 쉬우며, 이런 상태에서 자녀들의 정상적인 발달을 기대하기는 어렵습니다. 또한 극도로 처벌을 많이 받는 자녀들은 자아에 대해 부정적이 되기 쉬우며 공격적이며 반항적인 성향을 갖게 됩니다.

이러한 관계 속에서 볼 때, 부모와 자녀 사이의 잘못된 상호관계는 자녀들에게 결정적인 악영향을 미치며, 반대로 올바른 관계는 자녀들의 인격형성과 사회화 과정에 많은 도움을 주게 되므로 관계의 주도권을 가진 부모는 항상 조심스럽게 자녀들과의 관계를 형성해 나가야 합니다.

2. 긴장 및 대립관계

(1) 부모와 자녀관계의 변화과정

부모와 자녀관계의 변화는 자녀들이 성장하면서 필연적으로 나타나게 되는 과정이라고 볼 수 있습니다. 자녀들은 성장하면서 점차로 가정에서부터 벗어나서 사회와 관계를 맺게 되며 이 과정에서 자녀에 대한 부모의 역할은 점점 줄어들게 됩니다. 자녀들이 성년이 되어 스스로 사회생활을 영위하게 되면 부모의 역할은 더 축소되고 오히려 자녀의 도움과 보호를 받게

됩니다. 이러한 변화과정을 자녀의 발달과정의 관계 속에서 좀 더 자세히 살펴보면,

1) 자녀의 유년기(1~6세)

유년기는 다시 태아기, 영아기(0~2세), 유아기(3~6세)로 나눌 수 있는데, 이 시기의 자녀들은 주로 부모(P)와의 관계 속에서 학습하며 배우게 됩니다. 특히 어머니는 자녀들에게 있어서 절대적인 지배자이며 보호자가 되어 자녀(C)들은 어머니의 품을 떠나서는 아무것도 할 수 없게 됩니다.

2) 자녀의 아동기(6~12세)

아동기는 전기(6~7세), 중기(8~9세), 후기(9~12세)로 구분할 수 있습니다. 전기의 아동들은 스스로 생각할 수 있게 되며, 부모 이외의 다른 사람들과 관계를 맺는 것을 배웁니다. 중기에는 친구들과 생활하는 법을 배우며, 부모의존도가 줄어들고 사회적 흥미를 느끼게 됩니다. 후기에는 놀이 친구의 수가 증가되고 관심이 점차 가정에서부터 다른 곳으로 이전됩니다.

3) 자녀의 청년기(13~25세)

청년기는 어른이 되어가는 과정이라고 말할 수 있으며, 이 시기에 자녀들은 많은 변화를 체험하게 됩니다. 육체적인 성숙과 더불어 정서적 독립을 달성하며 예술, 종교, 철학 등 문화에 대한 관심이 증대되어 정신적으로도 성숙되어집니다. 사회적 경험이 증대하면서 자녀들은 부모의 지배영역으로부터 벗어나게 되며 결혼을 하게 되면 부모의 세계와 분리되어집니다.

4) 자녀의 청장년기(26~35세)

이 시기의 자녀들은 대부분 가정을 이루어 부모로부터 독립하며, 사회적으로도 지위나 신분이 안정되게 됩니다. 자녀와 부모는 거의 동등한 입장에 서게 되며 부모와 자녀관계도 지배관계가 아닌 상호협조의 관계로 바뀌어집니다.

5) 자녀의 장년 전기(36~50세)

이 시기에 부모들은 완성에서 정체상태 또는 쇠퇴상태가 되지만 자녀들은 사회적 지위도 상승하고 사회적 의식도 부모보다 넓은 영역을 가지게 됩니다. 부모들은 자녀관계에 있어서 대등한 협조관계가 되지 못하고 자녀들의 의사에 따라가는 관계가 됩니다.

6) 자녀의 장년 후기(51~60세)

부모는 육체적으로 쇠약해져서 다른 사람의 도움을 필요로 하게 되며, 생산활동을 전혀 못하게 되므로 살기 위해서는 자녀들에게 부분적 혹은 전적으로 의존하게 됩니다.

(2) 긴장과 갈등의 이유

부모와 자녀와의 관계는 자녀가 성장함에 따라 필연적으로 변화되며 이 변화과정에서 불안과 갈등의 요소가 항상 존재하게 됩니다. 부모는 자녀를 양육하고 보호하여 자립할 때까지 돌보는 책임과 권위를 가지고 있으며 이것은 혈연관계를 통하여 얻어진 것으로 일생 동안 계속되어집니다. 그러나 자녀들이 성장함에 따라 이 권위는 도전받게 되고 그로 인해 부모의 권위는 점차 약화되게 됩니다. 이때에 부모는 좀처럼 자녀의 도전을 받아들이려 하지 않고 본인의 권위를 고집하게 되며 자녀들 또한 그 권위를 인정하지 않으려고 합니다. 이러한 과정 속에서 부모와 자녀의 관계는 긴장과 갈등 속에 빠지게 됩니다.

그런데 자녀들의 도전은 대부분이 세대 차이에서 오는 가치관, 관심, 태도에서 비롯되는 것이기 때문에 이 긴장과 갈등은 좀처럼 해결되기 어렵습니다. 자녀들은 학교를 통해 변화하는 사회의 새로운 기술, 지식, 그리고 가치관이나 사회규범을 배웁니다. 그런데 부모는 전근대적인 경험과 지식을 가지고 자기들의 전통적 지식과 가치관을 고집합니다. 자녀들의 교육수준이 높아질수록 부모와 자녀간의 긴장과 대립은 더욱 심화되어 갑니다. 이것은 급속히 변해가는 사회, 문화적 상황 속에서 서로의 가치관과 규범이 다르다는 것을 인식하지 못하고 통일시키려는 잘못된 기대에서 생기는 것입니다.

갈등의 강도는 자녀가 얼마만큼 가정의 형식을 받아들이고 있으며 가정 외의 집단과 어느 정도로 친밀한가 하는 문제와 관련되어 있습니다. 부모와 자녀의 대립관계가 생기게 되는 구체적인 이유는,

① 부모와 자녀간의 연령적 차이

② 젊은이들의 민주적 권리주장

③ 물질문명의 발달로 인한 공동적 과업, 예를 들면 농경문화 사회에 있어서 가족 간의 협력 등의 감소

④ 부모와 자녀를 보살피는 데 소홀히 함, 특히 부모가 모두 직장을 가지고 있는 경우 등입니다. 이러한 갈등이 해소되지 못하고 극도로 약화되면 가정은 파괴되고 가족은 해체되어 버립니다.

(3) 긴장과 갈등에 대한 성서적 이해

부모와 자녀 간의 긴장과 갈등은 여러 가지 원인에 의해 일어나게 되었다고 성서는 말하고 있습니다. 그 원인 중 하나는 아비의 죄였습니다.

구약성서는 조상들의 죄에 대해 자주 언급하고 있는데, 특히 예레미야서에서 강력하게 규탄하고 있으며(렘 2:5, 3:25, 11:10), 호세아는 자기 아들로 하여금 부정한 어머니를 규탄하도록 촉구하였습니다(호 2:4). 아비의 죄나 어미의 부정은 자녀들과의 갈등을 일으키는 요소가 되며 이러한 부모의 자녀들은 부모가 요구하는 대로 살기를 거부합니다.

또 조상들의 죄는 후손 4대에까지 미치게 됩니다(출 20:5, 34:6, 신 5:9). 이런 이유로 자녀들은 그들의 불행을 부모에게 항의했으며 조상의 죄로 돌렸습니다. 이렇게 자녀들이 자신의 죄를 은폐하고 부모들에게 책임을 전가하게 되자 에스겔은 모든 세대가 하나님 앞에서 직접적으로 결단해야 할 책임이 있다는 것을 알려주었습니다. "범죄하는 그 영혼은 죽을지라 아들은

아비의 죄악을 담당치 아니할 것이요 아비는 아들의 죄악을 담당치 아니하
리니 의인의 의도 자기에게로 돌아가고 악인의 악도 자기에게로 돌아가리
라"(겔 18:20). 이제 자녀들은 자신의 잘못에 대해 책임을 지게 되었습니
다. 에스겔은 자손들도 "나의 규례를 지켜 행하지 않았다"(겔 20:21)는 여
호와의 탄식소리를 들었습니다. 예레미야 5장 7~9절에는 자녀의 죄악 때
문에 부모와 심지어는 나라까지 망하는 사건에 대하여 기록하고 있습니다.
신명기에는 이런 긴장이 극도로 악화된 형태를 보여주고 있습니다. 어떤 아
들이 너무도 고집이 세어, 아버지의 말을 듣지 않을 뿐 아니라 어머니의 말
도 듣지 않았습니다. 계속해서 교훈하여도 듣지 않았고 자기의 고집도 버리
지 않았으며 술만 먹고 방탕하였습니다. 결국 부모는 재판관에게 그의 자식
에 대한 탄식을 호소하였습니다. 재판 결과 그 아들은 돌로 쳐 죽임을 당하
였고 부모는 깊은 슬픔 속에 빠지게 되었습니다(신 21:18-21).

이러한 긴장상태의 종식은 서로 마음을 돌이켜 사랑하고 이해하는 데 있
음을 말라기는 다음과 같이 예언하고 있습니다. "그가 아비의 마음을 자녀
에게로 돌이키게 하고 자녀들의 마음을 그들의 아비에게로 돌이키게 하리
라 돌이키지 아니하면 두렵건대 내가 와서 저주로 그 땅을 칠까 하노라"(말
4:6).

3. 올바른 부모와 자녀관계

부모와 자녀 사이의 갈등과 긴장을 해소하고 화평하고 즐거운 가정을
만들기 위해서 부모와 자녀의 관계는 어떻게 맺어져야 하는가? 어떻게 하
면 개개인의 개성을 살리면서 가족관계가 원만하게 유지될 수 있는가? 이
것은 현대의 가정들의 가장 고민하고 있는 문제 중의 하나입니다. 가족의
동질성이 점점 사라져가고, 가족이 해체될 위험이 목전에 당도한 가정들에
있어서는 더욱 절실한 문제가 될 것입니다. 이 물음표에 대한 대답은 한마
디로 올바른 부모와 자녀관계를 확립하라는 것으로 요약할 수 있습니다.

(1) 올바른 부모 자녀관계는 서로 이해하고 용납하는 관계입니다. 부모와 자녀 사이에 긴장을 조성하는 문제들은 서로 이해하지 못하는 데서 발생하게 됩니다. 세대차이, 권리주장 등은 서로가 이해하려고 노력한다면 얼마든지 쉽게 해결될 수 있습니다. 부모는 자녀를 사랑하고 용납하려는 마음을, 자녀는 부모를 공경하고 순종하는 태도를 가짐으로써 서로의 이해를 증진시키고 자기들의 주장을 양보할 수 있게 됩니다.

(2) 가족이라는 하나의 집단 속에서 자신들이 해야 할 일을 발견하고 그 역할에 충실할 때 긴장과 갈등의 관계는 해소됩니다. 부모는 자녀들이 신앙 가운데 살도록 힘써 돕고 자녀들이 안전한 삶을 살기에 부족함이 없는 피난처를 제공해 주어야 합니다(잠 14:26). 자녀들은 부모를 공경하며 부모의 말씀에 순종하고 자신에게 맡겨진 일들을 충실하게 수행해야 합니다.

(3) 부모와 자녀는 항상 자신의 행위가 가족 내에 어떠한 영향을 줄 것인가 고려하고, 하나님의 말씀에 비추어서 어긋남이 없도록 해야 합니다. 그러기 위해서는 자신의 감정을 억제하고 항상 바람직한 모습으로 자신을 변화시켜 가는 훈련이 필요합니다. 부모와 자녀 간의 꾸밈없는 대화도 화목한 가정과 올바른 관계를 형성해가는 데 도움을 줄 것이며 서로를 위하는 지극한 사랑은 가정을 포근한 안식처로 만들어줄 것입니다.

4. 부모의 성격과 자녀의 행동

자녀의 인격이 가정의 분위기나 생활에 의해 형성된다는 것은 분명한 사실입니다. 특히 부모의 성격과 행동은 자녀들의 인격형성에 절대적인 영향을 미칩니다. 자녀들은 부모의 행동을 모방하게 되며, 이것은 그의 일생을 통하여 습관으로 나타나게 됩니다. 그러므로 부모는 자녀들에게 미치는 영향을 생각해서 자기의 나쁜 성격을 고치고 그릇된 행동을 하지 않도록 노력해야 합니다.

(1) 지나치게 감정적인 부모

지나치게 감정적인 부모 밑에서 자라는 어린이들은 다른 사람의 눈에 잘 뜨이는 행동을 합니다. 이런 어린이들은 아주 어릴 때부터 큰 소리로 말해야만 겨우 듣는 체하며 될 수 있는 한 빨리 말하는 것을 배웁니다. 이들은 부모가 수다를 떨고 소란 피우는 것을 당연하게 받아들입니다. 어린이들이나 부모는 자기들이 감정적으로 극단적인 행동을 하고 있다는 것을 알지 못합니다. 극단적인 감정을 가진 부모들은 논쟁을 좋아하며 쓸데없이 말하기를 좋아합니다. 그들은 남의 잘못을 용서하지 않으면서 자기들의 잘못은 깨닫지 못합니다. 이런 부모 밑에서 성장하는 자녀들은 친구들과 화합하지 못하게 되어 결국은 외톨이가 되어 버립니다.

(2) 지나치게 옹호하는 부모

자녀들을 지나치게 옹호한다는 것은 근본적으로 어린이들이 하는 사소한 일까지 일일이 간섭하는 것을 의미합니다. 이런 부모들은 어린아이가 태어날 때부터 어린이의 생활에 관해 한없이 걱정합니다. 다른 대부분의 어머니들에게는 평범한 일인데도 지나치게 자식을 보호하는 어머니에게는 생사를 결정하는 일처럼 중대한 것으로 보입니다. 이런 어머니는 하루에도 몇 번씩 자녀들이 숨 쉬는 것을 살피고 음식 섭취량을 조절하고 소화가 잘 되는지 알아보고 잠자는 것까지도 염려합니다. 아이가 일어설 때 어머니는 쓰러질까 걱정되고 뛸 때는 넘어질까 두려워합니다. 또한 아이가 병에라도 걸리면 곧 죽는 것이 아닌가 안달합니다. 그러나 어머니의 이러한 행동은 자녀들에게는 전혀 필요 없는 행동일 뿐만 아니라 아무런 유익도 가져다주지 않습니다. 어머니가 자녀를 위해서 무엇이든지 다해야 한다는 것은 아이들 스스로는 아무 것도 할 수 없다는 것을 의미합니다. 다시 말해서 어린이가 해야 될 모든 일과 기능이 어머니에게로 인계되었다는 것입니다. 이런 어린이들은 몸은 자라지만 성숙한 사람이 되지는 못하고 언제까지나 어머니에게 의지하는 갓난아기처럼 되게 마련입니다. 이런 아이들은 자기의 감정과 소질이 무엇인지 알지 못하므로 사회에 적응하기 어렵게 됩니다.

(3) 정신면에서 미숙한 부모

정신적으로 미숙한 부모들은 자기들의 역할을 자녀들이 대신 해주기를 바랍니다. 이런 부모들은 자신들을 위하여 봉사해 줄 것을 요구합니다. 즉 자녀들이 부모를 염려해 주고, 즐겁게 해주며 보호해 줄 것을 요구합니다. 이런 부모들은 자녀를 돌보고 양육하고 훈계하는 모든 일을 자녀의 즐거움과 행복을 위해서가 아니라 자신의 만족을 위해서 하게 됩니다.

이런 가정의 아이들은 부모의 요구를 충족시키지 못하면 어떻게 하나 하고 늘 근심하며 초조해 하고 충족시키지 못했을 때에는 실패감과 불안감에 짓눌리게 됩니다. 극단적인 경우에 이런 아이들은 천진난만한 순진성을 잃어버리고 죄책감 또는 자학적인 생각에 빠지게 됩니다.

(4) 술주정을 하는 부모

술주정을 하는 부모들은 때때로 가정의 분위기를 이상하게 만들어 놓습니다. 자녀들이 전혀 이해할 수 없는 행동을 하거나 자녀들 위협하기도 합니다. 이런 소동을 자주 경험하는 자녀들은 술 취한 부모를 볼 때 그들이 모든 일에서 안정감을 상실했다는 것을 알게 됩니다. 자녀들은 늘 불안감에 싸여 있으며, 모든 일에 의욕을 잃어버리게 됩니다. 아무리 부모가 자녀를 사랑해 준다 할지라도 이런 부모 밑에서 성장하는 자녀는 항상 의기소침하고 정서적으로 불안정한 생활을 하게 됩니다.

(5) 자녀를 유혹하는 부모

자녀들의 관심 가운데 가장 강한 것 중의 하나는 성(性)적 호기심입니다. 대부분의 부모들은 자녀가 성적 대상으로 부모를 생각하기도 한다는 것을 간과하고 있습니다.

　무의식적으로 부모들은 자녀에게 성적 자극을 줍니다. 딸 앞에서 웃옷을 벗고 있는 아버지와 학교 다니는 아들을 목욕시켜 주는 어머니는 그들에게 성적인 감정과 공상을 일으키도록 자극하고 있는 것입니다. 어떤 부모들은 나이가 든 어린이들과 함께 잠자거나 입맞춤하는 것을 아무렇지 않게 생각합니다. 또 어떤 부모들은 자녀들에게 구애하는 말과 비슷한 대화를 하며 그런 식의 편지를 씁니다. 그러나 이러한 부모들의 행동은 어린이들의 성적 성장에 좋지 못합니다.

　매력적인 아버지에 의해서 양육된 소녀들은 성적으로 자기보다 훨씬 나이가 많은 사람들과 상대하려는 경향이 있습니다. 또한 매력적인 어머니에게 양육된 소년들은 성적인 충동을 잘 일으키며 성적 행동에 있어서 아주 미숙하거나 혹은 일찍 발달하게 됩니다.

　한편 부모들의 지나친 접근을 두려워하는 자녀들도 있습니다. 이런 자녀들은 어른이 되어서도 이성간의 접촉을 꺼리게 되며 이러한 경향이 심해지면 동성으로부터 만족을 찾으려 하기도 합니다.

(6) 자녀를 배척하는 부모

　대부분의 부모들은 자녀를 사랑하기 때문에 어린이들이 부모에 의해 학대를 당하고 버림을 받았다는 이야기를 들으면 분개합니다. 사실상 자녀를 미워하여 육체적인 학대를 가하는 부모는 거의 없습니다. 그러나 감정적인 학대는 보다 공공연하게 행해지고 있습니다. 많은 부모들이 사랑으로써만 자녀를 돌보지는 않습니다.

　자녀들에 대한 감정적인 배척은 여러 가지 원인에서 일어나게 됩니다. 자녀의 미성숙, 자기도취, 어리석음, 성적 역할에 있어서 받아들일 수 없는 행동을 하는 것 등이 부모가 자녀를 감정적으로 배척하게 되는 원인이 됩니다. 이러한 감정적인 배척은 여러 면으로 나타나게 됩니다. 모든 일에 잔소리를 하거나 자녀들이 흥미 없어 하는 일을 요구하거나 사사건건 간섭하는 행위 등으로 나타납니다. 이런 부모들은 자녀들이 하지도 못할 무리한 요구를 하며 과도한 책임을 지웁니다. 자녀들은 아직 미숙한데도 무엇이든지 자발적인 힘으로 해내도록 강요하기 때문에 그 일에 실패하고 비판을 받게 될까봐 불안해 합니다. 그들은 결국 비난이나 공격당하는 것을 당연한 일로 생각하게 되며 자기의 모든 행동을 정당화하기 위해 변명하게 됩니다. 이러한 자녀들은 언제나 재판장에 서 있는 느낌을 가지고 살게 되며 현재는 어떠하든지 미래의 위험을 면하려는 데 급급하게 되어 현실과 분리된 삶을 살게 됩니다.

(7) 지나치게 희생적인 부모

지나치게 희생적인 부모들은 자녀를 행복하게 해주기 위하여 자기들의 죽음까지도 개의치 않습니다. 그들은 가능한 한 모든 생활에 있어서 자녀들로 하여금 욕구불만을 일으키지 않도록 노력합니다. 그들은 지쳐서 더 이상 어떻게 할 수 없을 때까지 자녀들을 위하여 최선을 다합니다. 그러나 이렇게 해서 얻어지는 것은 별로 없습니다. 부모들의 지나친 희생은 자녀들에게 짐이 되며, 또 자녀들은 자기 삶을 부모의 힘에 의존하며 살게 됩니다. 부모들은 자녀가 욕구불만을 가지고 있다고 해서 그것을 해소해 주기 위해 지나친 희생을 감수할 필요는 없습니다. 만일 부모가 매사에 자기를 희생함으로써 문제를 해결한다면 자녀들은 자기의 잘못은 아랑곳하지 않고 모든 것을 부모의 탓으로 돌려버리게 될 것입니다.

Ⅳ. 노인의 역할과 자녀관계

1. 가족구성원으로서의 노인

노인 없이는 가정이 있을 수 없습니다. 아무리 젊은 부부가 아이들만 데리고 현대식 가정을 이루고 산다 해도 그 가정을 이루게 되기까지는 부모로서의 노인의 역할이 있었다는 것은 틀림없는 사실입니다.

가정이란 하나님이 천지를 창조하시고 아담과 하와를 에덴동산에 살게 하실 때부터 인류역사를 통해 끊임없이 이어져 내려온 가장 귀중한 조직체입니다. 노인은 이 조직체 속에서 일생을 사랑과 헌신으로 살아온 사람들입니다. 노인이 없다면 젊은이들도 존재할 수 없는 한편, 세월이 흐름에 따라 젊은이들 역시 노인이 됩니다. 그러나 이러한 사실에도 불구하고 노인은 소외당하고 있고 노인의 문제는 점점 심화되고 있습니다. 사회와 문명이 발달하면서 이런 문제는 더욱 심각해졌으며, 자녀들은 경제적으로 무능력해지고 육체적으로 노쇠한 부모들을 부담스러운 존재로 생각하게 되었습니다. 자녀들은 노인을 쓸모없는 존재, 무가치한 존재로 규정하고 노인들이 자기들의 생활에 끼어드는 것을 싫어합니다. 여기서부터 노인과 그의 자녀 사이에 심각한 대립과 갈등이 생기게 되며 이 문제는 사회문제로까지 비화됩니다.

노인이 된 부모들은 젊은 자녀들과 보다 깊은 감정적 유대를 갈망하게 됩니다. 그것은 자신의 생명이 유한하며 능력이 쇠퇴해 간다는 것을 자각하게 되면서 자녀들이 자기를 계승해 주기 바라는 마음에서 자연히 발생되는 욕구입니다. 노인들은 일생 동안 소중히 여겨 왔던 재산, 종교, 가치관들을 자녀에게 계승, 전수하려 합니다. 그러기 위해서는 자녀들과 세대간의 격차를 최소화시키거나 없애야만 하는데, 노인들은 자녀와의 감정적 유대를 통하여 이것을 이루려고 합니다.

그러나 노인과 그의 자녀들 사이의 감정적 유대가 쉽게 이루어지는 것은 아닙니다. 자녀들과의 어쩔 수 없는 세대 격차는 감정적 유대를 어렵게 합니다. 노인들은 자기의 일생을 바쳐 사랑으로 양육한 자녀들을 자기의 지배권 밖으로 놓아주길 원치 않습니다. 반면에 자녀들은 더 이상 부모의 권위에 지배당하려 하지 않으며, 부모의 충고나 교훈을 불필요한 간섭으로만 생각하고 묵살해 버립니다. 이런 관계 속에서 감정적 유대는 이루어질 수 없습니다. 보다 바람직한 관계가 이루어지려면 부모나 자녀가 서로 양보하고 이해하려는 노력이 필요합니다.

구약성서는 젊은 자녀들에게 이렇게 권면합니다. "너 낳은 아비에게 청종하고 네 늙은 어미를 경히 여기지 말지니라"(잠 23:22). 젊은이들은 여호와께서 주신 명령, 즉 "너는 센 머리 앞에 일어서고 노인의 얼굴을 공경하며 네 하나님을 경외하라"(레 19:32)는 말씀을 청종해야 할 것입니다. "늙은 자에게는 지혜가 있고 장수하는 자에게는 명철이 있느니라"(욥 12:12)는 욥기의 말씀은 노인이 무능력한 자가 아니라 젊은이들에게 바른 길을 인도하고 인생의 지혜를 가르쳐 줄 수 있는 스승임을 보여주고 있습니다. 자녀들이 늙은 부모를 소중히 알고 공경할 때 노인은 소외감에서 벗어나게 되고 아직도 자기가 쓸모 있는 사람이라는 것을 확신하게 됩니다. 이런 노인들은 무엇인가 자녀들을 위한 일을 하려고 애쓰며, 그럼으로써 자기의 위치를 찾게 됩니다. 이렇게 맺어진 자녀와 노인의 관계는 가정을 더욱 화목하게 해주며 어린 손자 손녀들에게 가정의 필요성과 의미를 일깨워 주는 좋은 본이 될 것입니다.

2. 노인의 심리적 특성

노인을 이해하고 보다 원만한 가정생활을 영위하기 위하여 노인이 가지고 있는 심리적 특징 중 가장 두드러진 특성들을 몇 가지 살펴보면,

(1) 노인은 시간을 전망하는 자세가 젊은이와 전혀 다릅니다.

장년기에 접어들면서 달라지는 생명의 시간적 길이에 대한 전망은 노년에 와서 더욱 명확해집니다. 노인들은 앞으로 다가올 시간을 죽음을 향해 가까이 다가가는 것으로 이해하기 때문에 미래에 대한 희망보다는 체념의 태도를 가지게 됩니다.

(2) 노인은 행동이나 사고방식이 경직화되어 있습니다.

비록 새로운 기계와 장치가 발명되었다 하더라도 옛날부터 사용하던 방법을 고집하고 그것을 과감하게 버리거나 바꾸기를 주저합니다. 이러한 태도는 환경과 세계에 대한 적응력을 점차로 감소시킵니다.

(3) 노인은 모든 행동에 있어서 매우 조심스럽습니다.

그들은 어떤 문제를 해결하는 데 있어서 속도보다는 정확성에 중점을 둡니다. 이는 시각, 청각 등의 인지적 능력이 퇴화해 감에 따라 자기에게 확실한 것이 아니면 대답하지 않으려는 경향이 있기 때문입니다.

(4) 노년기에 이르면 대체로 우울증 경향이 증가합니다.

이러한 우울증은 유전적 소질이나 자신의 성격요인에 따라 약간의 차이가 있기는 하지만 일반적으로 노령화에 따른 여러 가지 스트레스, 즉 만성적인 질병, 배우자의 사망, 낮아지는 경제적 지위, 역할 상실에 따른 무기력감과 고독감, 그리고 젊은 자녀들로부터 배척받는다는 감정 등으로 인하

여 심화됩니다.

  (5) 죽음이라는 삶의 청산기가 다가오고 있으므로 인생회고 과정이
뚜렷이 나타납니다.

노인들은 이와 같은 인생회고 과정을 통하여 지나온 시절의 기쁨과
슬픔에 대한 회상에 잠길 뿐만 아니라 얼마 남지 않은 여생에 무엇을 할 것
인가 곰곰이 생각하게 됩니다. 이 과정을 통하여 그동안 해결하지 못했던
심리적 갈등이나 불안감을 자각하여 청산하게 됩니다. 특히 종교에 깊이 심
취하게 되는 경우가 많으며 그로 인하여 자기 생애에 대한 새로운 의미를
부여하고 아무런 고통이나 두려움 없이 다가오는 죽음을 받아들일 수 있게
됩니다.

  (6) 노년기에는 특히 의존성이 증가됩니다.

노화에 따른 가정적, 사회적 역할의 상실, 신체적 건강의 쇠퇴, 그리고
무기력하다는 자신감의 저하 등으로 인하여 노인은 다른 사람의 도움을 필
요로 하게 됩니다.

3. 노년기의 적응형태

사람마다 개성이 다르듯이 늙어가는 과정과 적응형태도 사람마다 다릅
니다. 이와 같은 적응형태는 대체로 다음과 같이 다섯 가지로 나눌 수 있습
니다.

(1) 젊은 시절의 건강과 활동을 그런대로 유지하고 늙음을 후회 없이 받
아들이는 성숙형

(2) 은퇴와 더불어 무거운 책임을 벗어던지고 여생을 조용히 살고 싶어
하는 은둔형

(3) 늙어가는 사실에 불안을 느끼고 이를 방지하기 위해 오히려 더욱 많

은 활동을 계속하려는 무장형

  (4) 인생의 목표를 달성하지 못하고 덧없이 세월만 보냈음을 탄식하면서 그 원인을 조상, 시대, 부모, 형제 등 타인에게 돌리는 분노형

  (5) 실패한 인생과 허무함을 애통해 하지만 그 책임을 타인이 아니라 자신에게로 돌리면서 비판하는 자학형

위의 세 가지 형태는 그런대로 바람직한 것이지만 아래의 두 가지 형태는 가족 내에 문제를 야기 시키고 가정을 부분적으로 파괴하거나 어지럽힐 수 있습니다. 자녀들은 자기 부모가 어떤 형태로 노년기를 적응해 나가는가 하는 것을 살펴봄으로써 거기에 알맞은 대책을 세워나가야 할 것입니다.

4. 바람직한 노년생활을 위한 자녀의 역할

늙은 부모들이 보다 안락하고 행복한 노년생활을 보낼 수 있도록 자녀들은 다음과 같은 점에 세심한 배려를 해야 합니다.

우선 노년기에 대한 새로운 관점을 정립해야 합니다. 노인이란 흔히 일반 사회에서 생각하듯이 가정과 사회에 더 이상 공헌할 수 없는 무능하고 쇠퇴한 존재는 아닙니다. 다만 그들은 인생 발달단계라는 전체 과정에서 마지막 장을 평범하게 살고 있을 뿐입니다. 유능하고 원기 왕성한 청, 장년기가 지나면 누구나 퇴장을 기다리며 보내는 노년기가 오기 마련입니다. 인생을 생산성, 업적 및 성취 중심으로 평가하는 데서 노년기를 쇠퇴와 무기력의 시기로 잘못 이해하게 됩니다.

또한 전통적 미풍양속인 경로효친 사상을 더욱 앙양(昻揚)시켜야 합니다. 젊은 세대는 노인들이 바라는 바가 물질적인 측면보다는 감정적, 심리적 측면이라는 것을 알아야 하며 물질적인 부양자가 아니라 자식으로서의 책임을 가지고 노인을 모셔야 합니다.

더 나아가 노인의 역할과 활동영역을 만들어 주어야 합니다. 비록 가족 내에서의 실질적 권한이나 역할을 후대에 물려 준 다음에라도 계속 그 가족

내에서의 어른의 역할을 하도록 배려해야 합니다. 그리고 손자녀 양육, 간단한 육체노동, 친목, 종교 활동 등을 하도록 하는 등 노인의 활동영역을 만들어 주어야 합니다.

마지막으로 노인의 적응형태에 알맞은 부양대책을 세워야 합니다. 성숙형 및 무장형 노인들은 무엇인가 계속 활동할 수 있도록 도와줌으로써 생활만족도와 사기를 높여주고 은둔형 노인에게는 활동보다는 조용한 생활을 즐기면서 여생을 마칠 수 있도록 해주어야 합니다. 또한 분노형, 자학형 등 심리적 부적응 상태에서 고통 받는 노인들을 위하여 거기에 적절한 가족들의 보호가 있어야 하며 심하면 정신치료나 성직자들의 도움을 받도록 주선해 주어야 합니다.

자녀들은 바울이 에베소서에서 권면한 "네 아버지와 어머니를 공경하라 이것이 약속 있는 첫 계명이니 이는 네가 잘 되고 땅에서 장수하리라"(엡 6:2-3)는 말씀을 기억하여 늙은 부모를 돌보고 공경하는 데 최선을 다해야 합니다.

제 4 장 화목한 가족관계

가족관계란 가족간의 인간관계를 의미합니다. 가족은 사회의 기본적 단위로서 개인의 일차적 요구를 충족시켜 주는 필요한 사회 집단일 뿐만 아니라 가족원이 안심하고 휴식을 취하는 곳으로써 인간의 정서적 심리적 욕구를 충족시켜 줍니다. 가족관계는 결혼으로 결합된 부부관계와 혈연의 직결로 부모, 자녀관계, 혈연을 공유하는 형제자매관계로 구성됩니다.

가족관계를 통해서 아름다운 가정, 화목한 가족관계를 이루는 것이 행복한 가정이 되는 것입니다. 아름다운 가정, 그것은 사랑과 화목함이 있는 가정입니다. 가정이 화목하면 만사가 성취되고 형통한다는 것입니다. 이처럼 가정의 아름다움은 화목함에 있습니다. 따라서 화목한 가족관계에 대하여 살펴보고자 합니다.

I. 남편과 아내와의 관계

가족은 부부의 결합으로 이루어지는 집단이기 때문에 부부관계는 가족의 가장 기초가 되는 일차적인 인간관계입니다. 남편과 아내, 부부관계는 참으로 다양한 표현들이 많이 있지만 부부관계는 '신비스러운 관계'라고 표현하는 것이 적절할 것입니다.

남편과 아내의 관계는 사실상 따지고 보면 남남의 관계입니다. 그런데 남남으로 만난 두 사람이 그 어떤 인간관계보다도 진한 사랑의 과정을 나누며 하나처럼 살아가는 이 부부의 관계야말로 과연 신비스럽고 새로운 인생의 경험이 아닐 수 없습니다.

1. 부부는 한 몸 된 사귐

'부부는 일심동체'라는 말이 있습니다. 부부는 한마음 한몸이라는 뜻입니다. 하나님은 인간을 창조할 때부터 부부가 한몸으로 살도록 섭리하셨다고 가르칩니다. 하나님이 섭리하신 에덴동산의 최초의 부부관계를 살펴보면 하나님이 아담을 보니 외롭고 고독해 보였습니다. 그리하여 함께 살아갈 반려자를 아담에게 지어주시기로 작정하셨습니다. "사람의 독처하는 것이 좋지 못하니 내가 그를 위하여 돕는 배필을 지으리라"(창 2:18) 하시고 아담을 깊이 잠들게 하여 아담의 갈빗대로 여자를 만드시고 그 여자를 아담에게 아내로 주셨습니다(창 2:21-22). 아내를 맞이한 아담은 "뼈중의 뼈요 살중의 살이라"고 예찬했습니다. 이 감격의 시가 곧 부부관계를 잘 묘사해 주고 있습니다.

"이러므로 남자가 부모를 떠나 그 아내와 연합하여 둘이 한 몸을 이룰찌로다"(창 2:24)는 말씀처럼 결혼을 통하여 부부는 둘이 아니라 하나가 된다는 점입니다.

부부의 원리는 한몸 된 사귐에 있습니다. 아내에 대한 남편의 의무를 든 것 외에 둘이 '한몸'이 된다고 했습니다. 이 말은 혈연적인 연합을 이룬다는 뜻입니다. 성서적 결혼에서의 한몸은 인격적인 융화 곧 가족관계에 한 단위로서의 하나를 의미합니다.

2. 부부의 모형

에베소서 5장 19절에 "시와 찬미와 신령한 노래들로 서로 화답"이라고 기록되어 있습니다. 성령 충만한 사람은 늘 기쁘게 찬송하며 내적인 평화와 만족과 기쁨이 넘치게 됩니다. 이것은 주님께서 주신 즐거움이며 부부의 모습이 항상 즐거움의 연속일 할 때 20절의 "범사에 우리 주 예수 그리스도의 이름으로 항상 아버지 하나님께 감사하며"의 고백이 나올 것입니다. 또 21절에 "그리스도를 경외함으로 피차 복종하라"고 했습니다.

부부관계에 있어서 두 배우자는 다른 편의 필요를 충족시켜 줌으로써 피차 복종해야 합니다. 부부관계는 상호의존성에 있는데 사랑 안에서 상호복종을 인정하는 것입니다.

(1) 남편의 모형과 역할

사도바울은 "남편들아 아내 사랑하기를 그리스도께서 교회를 사랑하고 교회를 위하여 자신을 주심같이 하라, 남편들아 아내를 사랑하며 괴롭게 하지 말라"(골 3:19)고 했습니다. 이는 남편이 아내에게 희생적인 사랑을 하라는 말로서 주님이 교회를 사랑한 것처럼 사랑하라는 진심을 의미한 말입니다.

1) 남편의 모형과 역할

남편은 아내를 위해 희생적 사랑을 보여주어야 합니다. 주님께서 보여주신 모든 사랑의 특징은 희생입니다. 주님께서는 우리를 위해서 자신의 몸을 바치셨습니다. 바로 이러한 희생적 사랑이 아내에 대한 남편의 사랑으로 특징지어지고 있는 것입니다. 그러므로 이런 희생적 사랑의 바탕 위에 남편에게 주어진 역할과 책임은 ① 지도적 권위가 있고 ② 아내의 절대적 보호자가 되어 존엄성을 인정하고 보호하는 자이어야 하며 ③ 정신적 지도

자로서의 역할을 해야 합니다. ④ 처부모를 잘 공경하는 자가 되어야 합니다.

2) 아버지의 역할

현대의 가정에서는 점차로 아버지의 존재가 희미해지고 있으며 자녀들의 교육에서는 아버지의 권위보다는 어머니의 권위를 자녀들은 더 신중하게 경청합니다. 이는 아버지와 함께 있는 시간이 적기 때문에 생기는 현상입니다.

그러나 성경은 "내 아들아 네 아비의 훈계를 들으며 네 어머니의 법을 떠나지 말라"(잠 1:8)고 하였으며 "내 아들아 네 아비의 명령을 지키며 네 어미의 법을 떠나지 말라"(잠 6:20)고 하였습니다. 아버지는 자녀에게 '훈계'와 '명령'을 주는 역할을 담당하고 있음을 말해주고 있습니다.

에베소서 6장 4절에 "자녀를 노엽게 하지 말라"고 권면하고 있습니다. 노여움이란 비난이나 명령 그리고 책망으로 인해 생깁니다. 그리스도인 가정의 아버지는 자녀들이 노엽지 않게 하되 엄하게 훈계할 책임이 있습니다.

아버지는 가정의 관리자이며 지도자입니다. 가정 전체가 조화를 잃을 때 아내와 협력하여 그 원인을 찾고 해결의 길을 찾아야 합니다. 아버지는 영적인 면에서도 지도자가 되어야 합니다.

(2) 아내의 모형과 역할

"여호와 하나님이 가라사대 사람들의 독처하는 것이 좋지 못하니 내가 그를 위하여 돕는 배필을 지으리라, 아내들아 남편에게 복종하라 이는 주 안에서 마땅하니라"(창 1:18, 골 3:18)고 하였습니다.

1) 아내의 모형

하나님은 질서를 갖고 사람을 남자와 여자로 창조하셨고 각각 서로 다르나 필경에는 일체가 될 절반으로 창조하셨습니다. 남녀가 하나님 앞에서 우열이 없고 하나님께 함께 영광을 나타낼 피조물임을 안다면 돕는 배필로서의 이성의 모습을 보아야 합니다. 아내는 하나님께서 독특한 목적을 위하여 자기를 창조하셨다는 사실에 순종하여 남편에 의하여 부양되고 돌봄을 받으며 보호를 받는 존재임을 인정해야 합니다.

아내는 남편에게 ① 복종해야 하며 ② 존경심을 가져야 하며 ③ 사모하고 사랑해야 합니다. 아내는 남편을 항상 사모하는 가운데 가까이 복종하고 남편들은 사랑으로 인도해야 합니다.

2) 아내의 역할

아내의 역할로서는 남편에게는 좋은 돕는 배필자로서 책임을 다하고 시부모님을 공경하고 자녀들에게 훌륭한 어머니의 역할을 하여야 합니다.

그러나 훌륭한 아내는 남편에게도 훌륭한 어머니 역할을 해야 합니다. 어떤 심리학자는 "최선의 아내는 남편에게 어머니 노릇하는 아내"라고 했습니다.

여성의 본질은 사랑이며 모성애입니다. 여성은 이 따스하고 밝은 빛과 같은 어머니의 사랑으로 인간의 생명을 길러주는 역할을 하고 있습다. 이 사랑은 온갖 고뇌와 슬픔과 걱정을 사라지게 하고 마음을 따뜻하고 부드럽게 해줍니다. 어머니의 마음은 보살펴주는 마음, 길러주는 마음, 끝까지 참아주고 용서해주고 기다려주는 마음입니다. 그래서 마침내 올바른 인간을 만들어주는 것입니다(고전 13:4-7).

이 말은 남편에게 정말 어머니가 되라는 것이 아니라 어머니같이 참고 기다리고 용서하고 끝까지 세밀하게 보살펴주는 마음가짐으로 남편을 대하라는 뜻입니다. 이것은 남편에게 영구히 사랑과 존경을 받는 아내의 의무이자 책임이며 훌륭한 아내로서의 어머니상입니다.

그리고 좋은 요리 솜씨로 가족들의 건강과 식탁의 예의 오락을 즐기기 위해 음식을 맛있게 만드는 솜씨를 가지고 있어야 합니다. 인간의 욕구 중에는 먹고자 하는 욕구가 있습니다. 가정 안에서는 사랑과 정성을 깃들인 건강식품이 요구됩니다. 사랑과 정성으로 창의성을 발휘하며 가족 구성원의 기호에 맞도록 음식을 만들어서 가족들을 건강하게 하고 행복하게 할 수 있는 특권은 아내들의 것입니다.

또한 중요한 것은 '상대방 중심으로 조화를 이루는 삶'을 살아야 합니다. 부부 사이에 주고받아야 할 가장 아름다운 말이 있다면 <나는 당신을 위해서 존재합니다>일 것입니다. 이 같은 순수한 이타적인 정신과 타인 중심의 사랑을 나타내는 것이 지혜로운 아내의 역할입니다.

참다운 사랑을 할 줄 아는 아내는 상대방 중심으로 조화를 이룹니다. 부부는 계속 서로 상대방이 원하는 사람이 되고 상대방의 요구를 내 요구처럼 만족시키려고 노력해야 합니다. 잘 조화된 삶은 서로의 결함의 보충자요 성격의 보완자의 역할을 하는 것입니다. 부부는 양성이 합해서 완전한 조화를 이룬 하나의 아름다운 예술 작품입니다.

(3) 부부 역할의 올바른 이해

부부간의 역할 분담은 현대사회에 있어서 여자가 자녀를 낳아 기르며 남자가 가족의 부양책임자로서 주로 직업에 종사하는 등의 기본적 차이는 변화할 수 없습니다.

자녀 출산과 수유의 생리적 조건과 기반은 여자의 역할이며 이외의 모든 분야에 있어서 남녀가 다 할 수 있는 일입니다. 도시화 및 공업화에 따르는 사회 경제적 변화는 전 근대적 농촌 사회의 기능적 역할 분담에 부분적 변화를 일으키고 있습니다.

현대의 생산 구조는 가족의 규모를 능가하여 기업체와 공장으로 발전했고 직업은 전문화하여 대부분 직업 종사자들이 직장생활을 합니다. 따라서 도시 생활에서는 소비와 수입의 역할 분담이 집안 살림을 맡아하는 여자와 직장 생활하는 남자 사이에 구별되는 것이 더욱 기능화 되었고 여자의 직장 생활이 보편화됨에 따라 부부간의 역할 분담이 분명하게 구별하기 어렵게 되었습니다.

여성의 생활영역이 확장됨에 따라 남편들은 여성의 역할이 가정에만 얽

매인 전통적인 위치보다 확대, 복잡하게 된 현실을 올바로 파악하고 남편으로서 이해와 협력이 필요하고 여성은 올바른 자기 역할을 인식하여 가족의 유지를 위하여 노력해야 합니다. 올바른 역할 수행 없이 부부관계의 남녀평등이나 만족한 인격적 관계가 있을 수 없습니다.

3. 부부관계

부부관계는 성인된 남녀가 생리적, 심리적, 사회적 욕구를 충족시키기 위한 상호 보충적 인간관계입니다. 부부관계는 계속적인 적응이 필수적으로 수반되는데 이 적응이란 부부 뿐만 아니라 여러 가지 외적조건 즉 경제적, 사회적, 인간적 환경에 대한 적응도 포함됩니다. 부부관계는 만족스런 상호간의 인격적 접촉을 위하여 목적을 가지고 노력해야 합니다.

(1) 만족스런 부부관계

결혼에 대한 일반적 행복한 결혼생활의 기준을 살펴보면 다음과 같습니다.

1) 부부생활의 영속성을 들어 부부관계의 지속성
2) 자녀의 요인으로 자녀의 유무가 중요한 요인이 됨
3) 사회적 요인으로 결혼의 성공 여부며 사회적으로 존경을 받을 수 있는 가정이냐는 문제
4) 경제적 여유가 결혼생활의 행불행을 좌우하는 요인으로 들고 있습니다.

그러나 현대인의 부부생활에는 개성의 발전 또는 인격 발달에 관한 현대사상의 영향으로 결혼을 인격 성장의 과정과 인격 성장의 계기로 생각하게 되었습니다.

여기에 부부라는 두 이성이 동격적인 가치의 수준에서 상호 작용함으로써 두 개성의 발전과 완성을 함께 할 수 있는 과정이어야 한다고 고려하기

에 이르렀습니다. 부부를 연대적 존재로 인식하여 부부 상호간의 성장과 완숙을 공동 목표로 삼아 부부의 공동 복리를 위하여 상호 보충적으로 노력하는 가운데 개인의 자아충족과 자아실현이 성취될 수 있을 것입니다.

만족스런 부부관계를 이루는데 크게 도움 주는 요인은 다음과 같습니다.

① 결혼과 가족에 대한 전통적 관념이 비교적 강한 사람들의 결혼일수록 이혼으로 끝날 염려가 적고 성공적이라고 합니다. 개인들의 태도와 관심이 가족중심의 생활에 있을 때 이것을 전통적 관념이라고 해석합니다.

② 부모들의 결혼 생활이 행복했다면 자녀들의 결혼 생활이 행복할 가능성이 높습니다.

③ 결혼 전에 교제 기간이 길었던 부부가 만족스런 가능성이 높습니다.

④ 비슷한 문화적 배경을 지닌 사람끼리의 결혼입니다. 교육, 종교, 직업, 생활정도, 취미 등이 부부간의 적응을 성공적으로 이끄는 데 크게 작용하고 있기 때문입니다.

(2) 성관계에 대한 태도

성적 상호 적응은 행복스러운 부부생활의 중요한 요소입니다. 성관계는 부부에 있어서 가장 밀접한 것으로 성적 적응이 원만치 못할 때 그 밖의 갈등 문제가 파생되어 광범위한 파괴적 결과가 나타나게 됩니다. 양성의 존재는 인간의 경험이 성의 차이에서 깊은 영향을 받음을 암시하며 결혼생활은 완전한 성을 통하여 결합이 이루어집니다.

부부간의 성생활이 자녀 출산하는 데 그 목적과 의의가 있다고 보던 재래의 관념이 점차 성 자체를 향락하는 관념으로 대치되고 있는 경향입니다.

남녀평등사상이 새로운 성 지식의 뒷받침으로 부부간의 성생활에 대한 상호간의 이해와 혁명적 변화가 쌍방의 요구 충족을 위하여 상호 협력적 역할을 하여야 합니다. 성관계는 부부간의 충분한 사랑의 표현일 뿐 아니라 성공적 부부 관계에 전제되어야 할 건전한 정신적, 정서적 및 신체적 성숙과 균형을 위해서도 필요한 것입니다.

만족한 성생활을 위하여 부부간의 성생활이 남자만의 능동적인 것이 아니라 상호관계가 필요하다는 태도와 상대방에게 성생활에 대한 기술을 자신이 배울 수 있고 터득할 수 있는 기회를 허용하고 성적 적응이 만족스럽게 이루어지기까지 시간이 필요한 점과 부부간의 성생활의 정확한 지식을 갖도록 하여야 합니다. 부부가 서로 협력하여 성공적 성적 적응을 알 수 있도록 인내와 노력으로 생활을 창조해 나가야 할 것입니다.

Ⅱ. 부모와 자녀관계

부부가 결혼하고 동거하게 되면 자녀를 출산하고 부부생활은 부부가 있음으로 완성되고 부모자녀 관계가 성립됨으로써 가족으로서의 의의를 지닙니다. 인간은 후손 즉 자녀를 두며 그 자녀를 양육하면서 생의 보람과 가치를 느끼며 자기 존재의 의미를 확인하며 사는 것입니다.

인간은 어려서는 부모의 사랑과 보호 속에 살고 자라서는 부부의 뜨거운 애정 속에 살고 늙어서는 자식들의 존경과 애정 속에 살도록 섭리된 존재입니다.

그러므로 이제 가정은 남편과 아내로 구성될 뿐 아니라 부모와 자식의 관계로 발전합니다.

1. 자녀의 필요성

가족이 부계 가족으로 방향을 정하면 이들은 부계 가족의 존재를 위하여 필요 불가결한 것이 됩니다. 이유는,

(1) 가내 노동력으로 아들을 바라고

(2) 부모 노후에 부양하여 주는 자로 아들을 바라고

(3) 씨족을 위해서입니다.

물론 모계 가족에서는 딸 낳기를 바랍니다. 그러나 사회의 변화와 자녀와의 관계가 급변하는 한국 사회에서 이미 노동력이나 부모 노후의 부양을 위하고 씨족의 유지를 위해 아들을 바라는 이유가 점점 희박해져 갑니다.

2. 부모에 대한 자녀의 태도

가족관계의 질서와 윤리를 다루는 에베소서 6장 1~3절을 보면 "자녀들아 너희 부모를 주 안에서 순종하라. 이것이 옳으니라. 네 아버지와 어머니를 공경하라 이것이 약속 있는 첫 계명이니 이는 네가 잘 되고 땅에서 장수하리라"고 했습니다.

이 말씀은 자녀의 부모에 대한 태도에 황금률과 같습니다. 여기에 요점은 부모에 대한 자녀의 태도는 '순종'과 '공경'이란 두 단어로 집약됩니다.

자녀는 부모에게 순종해야 합니다. 순종이란 말은 헬라어 단어인 <후파쿠오>를 번역한 것인데 이것은 <아쿠오><듣다>라는 동사와 <후포><아래에>라는 전치사의 합성어입니다. 그러므로 성령께서는 "자녀들아 네 부모의 권위 아래 있으며 그 말을 청종하라"고 말씀하고 계십니다.

성경은 자녀들이 자신의 부모의 권위를 존중하고 그 말을 청종해야 한다고 말합니다. 그것이 가족을 위한 하나님의 모범이며 설계입니다. 그 다음 2절에는 바울은 "네 아버지와 어머니를 공경하라"고 말합니다. 이것은 일생동안 해야 할 일입니다.

비록 복종은 끝났을지라도 공경은 계속됩니다. 우리는 부모를 두려워하고 공경하여야만 합니다. 그것이 순종의 행위를 가져오는 올바른 태도입니다.

부모에 대한 순종과 훈계와 경외와 존경의 덕망으로 성장한 사람은 어떤 인간관계도 원만하게 이루어 나갈 수 있는 사람이기 때문입니다. 그리고 그의 생활은 번영하게 됩니다. 하나님께서는 자녀가 그의 부모를 공경하는 문제에 대하여 매우 엄격하십니다. "자기 아비나 어미를 치는 자는 반드시 죽일찌니라"(출 21:15), "그 아비나 어미를 저주하는 자는 반드시 죽일찌니라"(창 21:17)고 말씀하십니다.

모든 인간관계는 어린 시절에 배운 것에 기초를 두고 있습니다. 덕망, 존경, 순종 등이 어린 시절에 배워지면 그것들은 일생 동안 흔들리지 않는 기초가 됩니다. 부모를 공경하면 잘 되는 축복을 약속해 주셨습니다. 그러면 그 약속은 어떤 것입니까? 에베소서 6장 3절에 "이는 네가 잘 되고 땅에서 장수하리라"고 했습니다. 여기에 두 가지의 의미가 내포되어 있습니다.

하나는 우리가 즐길 수 있는 생활의 질입니다. 2절의 상반절은 부요하고 충족된 삶에 대하여 언급하고 있습니다. 두 번째 요소는 첫 번째 것과 밀접하게 관련됩니다. 그 약속은 생활의 양입니다.

하나님께서 우리에게 할당해 주신 충분한 시간만큼 오래도록 사는 것입니다. 자녀들이 그 부모를 순종하고 공경할 때 이 땅에서 장수하고 부요할 것이며 하나님 나라에서 하나님과 더불어 새 하늘과 새 땅에서 영원토록 살 것입니다. "너 낳은 아비에게 청종하고 네 늙은 어미를 경히 여기지 말지니라"(잠 23:22), "네 부모를 즐겁게 하며 너 낳은 어미를 기쁘게 하라"(잠 23:24)는 것이 하나님의 권고요 명령입니다.

부모에 대한 자녀의 기본적 자세는 순종과 공경입니다.

3. 부모자녀 관계의 갈등

현대 가족에게 심각하게 대두되는 문제는 부모자녀 간의 갈등인 것입니다.

(1) 세대 차이에서 오는 갈등

대부분의 현대 사회는 급속한 변화와 과격한 혁명을 겪고 있습니다. 이 변화의 속도는 부모 자녀 간의 세대 차이를 극대화시키고 있습니다. 또 현대 사회의 특이한 현상으로서 인권존중을 강조하는 평등사상입니다. 그리고 기성세대의 현실주의 경향과 자녀들의 이성주의적 경향이 갈등을 촉진하여 그 심각성이 가중되고 있습니다.

(2) 부모의 권위와 세대 간의 갈등

부모의 권위는 가족 역할 구조상 본질적인 것입니다. 부모의 권위가 기성세대의 특전인 동시에 책임입니다. 이 권위가 세대 간의 갈등을 조장하는 원인이기도 합니다. 급변하는 한국 사회에서 부모와 자녀와의 갈등은 그리스도적 인격 건설과 가정 건설을 위하여 목회적 관심을 기울여야 할 것입니다.

부모 관계를 단순히 공리적, 편선적 또는 기계적 관계만으로 생각하여 냉정한 합리적 관계로만 발전해 가도록 방치해 두어서는 안 되며 그러한 사회적 압력에 순응하기보다 인간적 요구의 건설적 해결을 위하여 그리스도적 새로운 차원의 인간관계를 모색해 나가도록 하는 것이 목회자의 부모자녀 관계에 대한 목회적 사명이 되어야 할 것입니다.

4. 핵가족제도와 노인문제

부모님께 순종하고 부모를 공경하라는 말씀이 현실적인 문제로 대두되고 있는 핵가족제도와 노인문제를 간과할 수 없는 일입니다.

오늘의 사회는 점점 핵가족화 되고 늙은 부모는 밀려나 외롭게 살아가는 세대가 되었습니다.

여기에 노인문제가 상당히 심각해집니다. 늙은 부모는 공기 좋은 시골에 사시도록 여건을 마련하고 매달 생활비를 보내드린다 해도 사람은 빵으로만 살지 못합니다. 노인도 빵으로만 못 삽니다. 돈이 문제가 아니라 가족들의 애정과 사귐이 중요합니다. 그리스도인은 늙으신 부모님과 함께 사는 법을 배워야겠습니다. 할 수만 있으면 부모님을 모시고 사는 자녀들이 되시기

바랍니다. 어려운 과제이면서도 바람직한 일이며 행복한 일이기도 합니다.

III. 고부문제

결혼이란 남녀가 정신적, 육체적으로 완전히 결합되어 공동생활을 영위하는 것이며 이로써 새로운 가족관계가 형성됩니다. 그 중의 하나가 새로 성립된 양친과의 관계입니다. 결혼을 함으로써 좋든 싫든 남자는 처가, 여자는 시가와 새로운 관계를 맺도록 되어 있습니다.

이런 관계에서 문제되는 것이 며느리와 시모의 관계로 부부의 불화, 가정의 불화는 대개 고부간의 불협화음입니다. 김은우의 연구에서 한국 여성의 갈등의 요인 중 기혼 여성들은 남편의 방탕이 가장 많고 다음이 시집 식구와의 갈등이라고 밝혔습니다.

전통 가족에서 며느리의 지위는 최저의 지위로, 동세대의 연하자인 시동생, 시누이까지 존칭어를 사용하는 지위이며 며느리는 시가에서 과거의 경험을 인정받지 못하고 자기 생활을 영점에서 출발하여야 하고 새로운 인간관계에 적응하는 심리적 고충과 시가의 전 가족에게 봉사해야 하는 의무의 고충을 안고 있습니다.

전통 가족에서 며느리는 시가에서 새로운 적응, 가내 노동력으로서의 봉사, 그리고 출산의 도구로서의 세 가지 의무를 이룩하는 이른바 성취지위를 부여받는 것입니다. 그러므로 생활정도가 높을수록 갈등이 심하고 문제점이 많습니다.

1. 고부간의 갈등의 원인

고부간의 갈등의 원인을 고찰해 보면 다음과 같습니다.

　(1) 시모의 권위몰락으로 경험 때문에 존경받던 존재가 사회변화로 교육기관을 통하여 새 지식을 습득하게 된 며느리에게 존경의 대상이 되지 못하게 된 점과 사회적 변화로 가족 이동으로 시모와 며느리가 동거하는 경우가 줄어듦에 따라 권위도 떨어져 갔습니다.

　(2) 가사 결정권으로 며느리와 자녀교육, 가사요령, 가계의 모든 관리가 시모 사이에 주부권을 주장하여 쟁탈전을 일으키는 경우입니다. 며느리에게 가계 실권을 양도하지 않은 경우와 실권이 자부에게 넘어갔는데도 여전히 시모가 이전의 역할이나 존경을 기대하는 경우입니다.

　(3) 세대 차에 며느리의 구습적인 가정생활을 개혁하려는 합리적 생활이 시모에게 용납되기 힘듭니다.

　(4) 심리적 요인으로 아들의 결혼은 아들과의 관계에서 며느리를 통하여 균열을 의미하는 것으로 사랑의 적대관계가 이루어집니다. 이런 이유에서 가장 어렵고 추한 것이 홀어머니의 외며느리로 홀어머니가 오직 아들 하나만 믿고 평생 살아왔기 때문에 며느리는 시어머니의 미움이 아니라 질투의 대상이 됩니다. 그 외의 원인들로 사회적 지위와 경제적 조건이나 자녀양육 문제를 둘러싼 고부간의 갈등, 시모가 다른 자녀에게 가산과 일부의 돈을 나누어 주려고 할 때 시모의 성격이나 며느리의 성격에서도 좌우됩니다.

2. 고부간의 갈등의 해소방법

(1) 전통사회의 해소방법

　유교 윤리에 입각한 상하 질서를 사회로부터 강조하여 시모에게 복종하는 것이 당연하고 필수적인 것으로 장유유서의 원리를 강조한 것입니다.

　그러면서도 억압된 심정과 누적된 감정 배출의 기회가 되게 하였고 무당 집에 찾아가 대를 잡고 춤을 출 수 있게 하고 울분을 같이 느낄 수 있도록 탈출구를 주어 해소의 방법을 존속시켰습니다.

(2) 근대화의 해소방법

근대화 사회의 고부문제의 심각성은 서구 개인주의 사상이 유교의 상하 윤리를 약화시켰고 감정해소나 발산의 탈출구마저 없어진 상태에 있습니다. 이의 해소방법은 먼저 남편이 성숙한 태도로 아내를 위로하고 어머니를 이해시키는 노력입니다. 여기에 부부의 침착한 정서의 성숙하고도 무서운 인내가 필요합니다. 시어머니와 며느리 자신들의 이해에 대한 노력입니다. 이해와 타협을 찾으려는 상호간의 인격을 존중하는 통로가 만들어져야 하고 협력을 통한 일의 분담에 배려가 있어야 합니다. 며느리는 시모에게 어른에 대한 예의를 잃지 않고 시모는 젊은 세대를 이해하고 갈등의 요인을 알아 애정과 신뢰로 지혜롭게 생활한다면 갈등은 해소될 수 있습니다.

(3) 종교적 해소방법

전통 가족에게 무당이 집을 찾을 수 있게 개방되고 무당의 집을 찾을 수 있게 배려한 것은 울분과 억압된 감정해소가 되는 좋은 탈출구였습니다. 종교적 방법은 먼저 자신들이 하나님을 만나고 그 안에서 해결을 얻는 방법으로 스스로 기도하고 찬송하고 말씀을 읽는 가운데서 자기를 순화하는 과정과 목회자의 상담을 통하여 해소해 주는 것입니다. 이것은 곧 바른 신앙에 입각하도록 하는 것입니다.

바른 종교의 신앙은,

1) 신앙이 개인의 생의 중심이며 모든 생의 의미와 목적과 가치 체계를 주는 것입니다.

2) 자신의 행동의 동기 방향을 잡고 행위를 규제하며 이웃과 사물에 대한 태도를 결정합니다.

3) 개인의 존엄성과 이념의 기본을 형성합니다.

4) 이웃 사랑의 기점입니다.

5) 인간을 항상 최고 가능성에 준하여 평가하며 그의 현재의 성
취 상태를 기준으로 하지 않습니다.

6) 개인의 인성을 통합케 합니다.

7) 사랑과 용서의 근원을 체험하며 이웃을 있는 그대로 받아들
이고 사랑할 수 있게 됩니다.

이 같은 종교적 신앙은 가족관계의 근원적 갈등을 해소하며 갈등의 가능
성의 배제와 건설적인 사후 화해를 가능케 합니다.

제 5 장 그리스도인의 자녀교육

하나님이 우리에게 두 개의 기관을 주셨는데 그 중의 하나는 교회요 다른 하나는 바로 가정입니다. 하나님은 특별한 관심을 가지시고 인간을 지으셨습니다. 다른 어떤 것들보다도 하나님은 사람에 관심을 가지시고 그와 함께 거하시려 했고 세상에서도 가정에 자녀를 주어서 그 자녀들이 하나님의 계획에 따라 성장하며 함께 살아가기를 원했습니다. 그래서 가정에는 반드시 하나님의 생명이 있어야 하고 그 생명을 계속 보존해야 합니다. 그러므로 가정의 부모는 자녀들의 육신적인 생명과 성숙에도 관심이 있어야 하겠지만 그리스도 안에서 하나님으로부터 공급받은 영적인 양육에 대한 책임도 있는 것입니다.

또 가정이란 자녀교육에 대한 법적인 권리를 갖는 곳인 동시에 법을 초월한 사랑과 신뢰에 기반을 두는 곳으로 인간 형성에 위력을 발휘하는 인간 생명의 원천이기도 합니다. 그래서 가정에는 사랑이 있고 평화가 깃들어 있으므로 인간에게는 가장 즐거운 휴식처요, 안식처인 것입니다.

Ⅰ. 가정교육의 의의와 기능

1. 가정교육의 의의

모든 인간은 가정 안에서 출생하여 그곳에서 성장하고 배우고 닦으며 길러져서 성인이 되어서는 새로운 가정을 이루며 그곳에서 자녀를 양육하므로 가정은 한 작은 사회집단 속에서 자기를 키우는 최초의 장인 것입니다. 이 가정은 전체 사회체계 중에서 가장 핵심적인 소집단으로서 가족 구성원 간에 인격적인 결속력이 가장 강한 일차적 집단입니다.

가정은 합법적인 혼인에 의하여 자녀를 출산하고 양육하며 일상생활에 필요한 경제적인 부서의 한 면인 일용할 양식을 생산하고 소비하는 경제적 단위입니다. 또 이곳은 가족 구성원의 안식과 휴식처이며 개개인의 인격이 형성되는 최초의 교육의 장입니다.

즉 출산, 경제, 휴식, 교육이 가정의 기본적인 4대 기능입니다. 이 기능은 급변하는 사회 속에서도 계속 간직되어야 할 가정의 본래 기본적인 기능이며 기독교 교육에 있어서는 신앙 공동체의 최초의 장인 것입니다. 교육이 이루어지는 교육의 장을 가정, 학교, 사회로 구분할 수 있는데 가정은 학교 못지않게 중요한 교육의 장입니다. 자녀교육은 가정의 가장 중요한 기능 중의 하나입니다.

학교교육의 의의가 한 사회의 문화유산을 체계적으로 전달하고 사회에 적응할 수 있는 능력을 길러주는데 있다면 가정교육은 개인의 인격이나 품위와 인간성을 형성시켜줍니다. 가정의 교육적 기능이란 크게는 개인의 인격 형성의 기틀을 마련하고 다지는 기능을 말합니다.

2. 가정교육의 기능

(1) 가정의 일반적 기능

1) 가정은 산아의 기능을 가지고 있습니다.

가정은 남자와 여자가 결합하여 한 몸을 이루고 거기에는 새로운 생명이 탄생되어 생육하고 번성하면서 그들이 다시 생명을 이어가고 있습니다.

2) 가정은 자녀를 양육하는 기능을 가지고 있습니다.

자녀들은 성장해서 새로운 가정을 이룰 때까지는 부모의 보살핌 가운데서 성장하고 있습니다.

3) 가정은 사회화의 기능을 지니고 있습니다.

가정에서 자녀들이 원만한 대인관계를 유지한다면 그것이 바로 사회생활에까지 연장되어 원만한 사회생활을 할 수 있을 것입니다.

4) 가정은 자녀를 교육하는 기능이 있습니다.

인간의 인격형성은 대부분 가정에서 형성되므로 가정교육은 사회 어떤 교육보다도 중요합니다.

5) 가정은 좋은 안식처요 휴식처입니다.

가정이 우리에게 편안히 쉴 수 있는 장소가 되지 못한다면 우리의 육신과 정신은 안식처를 찾을 때까지 방황하고 불안하고 짜증스러운 삶을 살아야 할 것입니다. 자녀들은 가정에서 부모의 사랑을 통해서 하나님의 사랑을 이해할 수 있습니다. 부모는 자녀들 앞에서 하나님 사랑 그리고 도덕의 모델이란 점을 언제나 어디에서나 기억하고 있어야 합니다.

(2) 가정교육의 기능

1) 애정의 기능

교육 기능적이고 또 교육을 받아야만 하는 교육 필연적 존재인 어린 인간이 최초로 접하는 환경이 바로 가정이며 그 장소에서 부모를 만나게 됩니다. 따라서 인간은 누구나 그가 최초로 만나는 부모와 가정이라는 환경을 통하여 인격의 기본적 바탕을 형성하면서 자랍니다. 더욱이 어린 시기는 급속적인 성장 발달의 시기이며 가정의 영향을 가장 강하게 받는 시기이므로 애정은 그들에게 중요한 것입니다.

애정 기능의 가장 중요한 것은 사랑입니다. 가정은 사랑을 배우는 곳입니다. 이것은 가족이라는 공동체의 모습을 상기시킵니다. 사랑은 생동감과 생활의 활력소가 넘치는 증거이며 인간의 올바른 행위를 요구하는 예술로써 끊임없이 변화하는 생동체로서 개개인의 특성에 의해 만들어지는 복잡 미묘한 것입니다.

가정은 사랑이 풍성해야 하며 가정에서 사랑을 배워야 하며 사랑을 충분히 받아야 합니다. 가정의 교육적 기능 중에 애정의 기능입니다.

2) 사회화의 기능

가정이 최초의 교육의 장이요 부모가 최초의 교사라는 말은 가정과 부모가 어린이의 사회화를 일차적으로 책임진다는 의미입니다. 어린이에게는 가정은 최초이며 가장 중요한 사회화 기능입니다. 가정에서 아이들은 진실한 사랑을 알게 되고 지속적인 접촉을 통하여 사회를 형성함을 배웁니다.

가정이란 지적으로나 영적으로나 정서적으로 서로 영향을 미치는 각 개인의 모임입니다. 가정이 강하고 생동력이 넘칠 때 학교와 가정은 모든 것의 출발점입니다. 여기에서의 생활은 무한한 정신세계를 만들어냅니다.

3) 교육적인 기능

가정교육은 가족 구성원간의 사랑과 신뢰를 바탕으로 성립되는 것이고 가정에서 배우는 것은 곧 생활화되고 습관화가 됩니다. 따라서 어린이의 조화로운 성장 발달에 지속적인 영향을 미치는 전인교육의 현장이 바로 가정입니다.

II. 자녀교육의 기초

"이스라엘아 들으라 우리 하나님 여호와는 오직 하나인 여호와시니 너는 마음을 다하고 성품을 다하고 힘을 다하여 네 하나님 여호와를 사랑하라 오늘날 내가 네게 명하는 이 말씀을 너는 마음에 새기고 네 자녀에게 부지런히 가르치며 집에 앉았을 때에든지 누웠을 때에든지 이 말씀을 강론할 것이며 너는 또 그것을 네 손목에 매어 기호를 삼으며 네 미간에 붙여 표를 삼고 또 네 집 문설주와 바깥문에 기록할지니라"(신 6:4-9).

1. 자녀교육의 기본적 원리

(1) 부모는 자녀에게 가장 좋은 교사입니다.

이스라엘의 가정에서는 자녀가 12세가 될 때까지 아버지에게서 율법서를 교육받고 아버지와 함께 회당에 다닙니다. 그들은 가정에서 부모의 엄격한 교육을 의무적으로 받아야 했고 부모는 반드시 자녀들에게 율법을 가르쳐야 했습니다. 부모가 자녀들에게 하나님의 말씀을 가르치는 것은 하나님의 명령에 복종하는 일입니다.

세상의 교사들은 하루 8시간씩 매일 일정한 시간만 학생들을 가르칩니다. 그러나 부모는 그렇지 않습니다. 자녀들이 학교 이외의 시간을 대부분 가정에서 부모와 같이 보내야 하기 때문에 24시간을 가르쳐야 하는 교사에 위치에 있습니다.

부모가 된다는 의미는 특수한 심리학자나 특별한 교사가 된다는 것입니다. 자녀들의 심리를 잘 연구한 부모는 그만큼 자녀들을 잘 교육시킬 수 있을 것입니다.

(2) 자녀교육은 출생부터 시작하고 절대로 중단해서도 안 됩니다.

심리학자들에 의하면 인생은 지식을 3세까지 50%, 7세까지 75%를 배운다고 합니다. 또 인간의 지능은 5세까지 50%, 8세까지 30%, 그리고 나머지 20%는 17세까지 발달한다고 불룬은 주장하고 있습니다.

일반적으로 인간의 근본적인 인격이 6세 이전에 형성되기 때문에 5세까지의 교육의 중요성을 강조하고 있습니다. 이 기본적인 인격 이후에 올바른 대인관계, 올바른 이성관계, 올바른 배우자관 그리고 올바른 결혼관을 결정하게 됩니다.

(3) 자녀의 잘못에 대하여 반드시 징계를 하되 사랑의 징계관을 가져야 합니다.

징계는 라틴어로는 교육 혹은 훈련이란 뜻으로 배운다는 의미가 내포되어 있습니다. 자녀들은 축복받은 하나님의 선물이며 하나님에게 속한 자들입니다. 이러한 자녀들을 하나님의 징계를 통하여 선량한 하나님의 시민이 되게 해야 합니다. 징계는 바른 길로 가도록 가르치는 사랑이므로 징계가 없이 사랑만 한다면 이것은 더 무서운 형벌이 될 수도 있습니다. 징계의 목적은 자녀들에게 바른 길을 깨닫게 해주고 자녀들이 부모에게 순종하게 하고 사회나 국가의 법을 잘 준수하게 하려는 것입니다. 자녀들은 징계를 통해서 안정감을 얻게 되고 징계가 어떤 표준을 세워주기 때문에 나쁜 행동이나 생각이 불행을 초래한다는 것을 느끼게 됩니다.

징계를 통해서 자녀들은 양심이 발전할 뿐 아니라 주어진 상황을 여유 있게 타개하면서 인생을 살아갈 수 있을 것입니다.

2. 부모의 자녀교육

그리스도인 가정에서 부모는 자녀들에게 인생 전반에 대해서 교육해야 합니다. 즉 하나님과 예수 그리스도를 믿는 일, 부모나 어른들을 존경하는 일 그리고 모든 사람들을 사랑할 줄 아는 것을 자녀들에게 교육해야 합니다. 자녀들이 그리스도 안에서 살고, 그리스도와 함께 살고, 그리스도를 위해서 살려면 부모에게서 하나님을 찬양하고 그에게 감사하는 방법과 하나님께 기도하고 자기의 죄를 고백하는 방법과 그리고 자기들의 필요와 다른 사람들의 필요를 위해 기도하는 방법을 배워야 합니다.

이러한 것들을 배울 수 있는 좋은 방법이 바로 가정예배입니다.

(1) 자녀들은 부모를 모방하면서 배웁니다.

어린 자녀들은 부모나 성인들을 모방하면서 가장 잘 배우고 또 놀랄 정도로 빨리 배웁니다. 모방은 그만큼 빠른 영향을 미치고 있습니다. 그러므로 부모가 잘못된 길로 가면서 자녀들을 바른 길로 가기를 원한다는 것은 있을 수도 없고 또 효과를 얻을 수도 없습니다. 그러므로 부모들은 자녀들에게 좋은 본을 보이는 생활을 해야 합니다.

(2) 자녀를 하나님의 길로 교육해야 합니다.

자녀를 하나님의 길로 인도하고 교육할 수 있는 가장 좋은 방법은 가정예배입니다. 가족들은 가정예배를 통하여 영적으로 성장하고 진실한 그리스도인이 되고 그리고 선한 하나님의 백성이 되어 갑니다. 가정예배와 생활의 교육을 통하여 자녀를 하나님의 길로 교육하는 일은 부모의 최대의 사명이요 과업이 되어야 합니다.

3. 자녀교육의 자세

인간의 성장은 예수님의 성장 모습을 묘사한 누가복음 2장 52절 말씀 "예수는 그 지혜와 그 키가 자라가며 하나님과 사람 앞에 사랑스러워 가시더라"에서 보여주는 것과 같이 정신적으로 바로 성장해야 하고 신체적으로 잘 성장해야 할 뿐만 아니라 영적으로 바로 성장하고 사회적으로 균형 있게 성장해야 하는 다원적 존재이기 때문입니다. 그러므로 부모가 자녀를 양육하는 자세는 중요합니다.

(1) 자녀를 노엽게 하지 말아야 합니다.

"노엽게 하지 말라"는 간단한 한마디는 상당한 의미를 내포하고 있습니다.

   1) 자녀를 독립적인 인간 가치를 지닌 당당한 인간으로서 존중해야 합니다.

   2) 자녀 교육은 대화와 친교에 근거해야 합니다.

   3) 부모의 자녀에 대한 교육과 훈계는 합리적이고 일관성이 있어야 합니다.

   4) 부모는 자신의 진실성의 터 위에서 자녀를 교육해야 합니다.

(2) 주의 교양으로 양육해야 합니다.

"주의 교양으로 양육하라"는 말씀은 자녀양육의 내용입니다. 자녀양육은 인격존중 사랑과 친교, 합리적 설득, 진실성의 감동을 바탕으로 자녀들에게 가르치고 교육해야 할 내용이 또한 중요합니다. '주의 교양'이란 '주님의 가르침'으로 내용을 삼으라는 말씀입니다.

1) 주님을 자기의 생에 모시는 경건한 신앙생활입니다.

2) 그리스도를 따르는 제자로서의 삶을 가르쳐야 합니다.

(3) 훈계로 양육해야 합니다.

자녀양육의 자세와 자녀양육의 내용을 말씀드렸는데 이제는 자녀양육의 방법을 말씀드립니다. 자녀양육의 방법은 훈계로 양육해야 합니다.

1) 부모가 자녀를 훈련해야 합니다.

부모가 자녀를 생활훈련, 기도훈련, 봉사훈련을 실시해야 합니다. 훈련을 위해서는 상당한 시간과 노력과 인내가 필요합니다. 부모가 서로 분담하여 자녀의 생활을 훈련시킴으로써 자발적이고 창의적이며 책임적인 인간으로 또 영적이고 경건한 삶을 살도록 도와주어야 합니다.

2) 징계도 때로는 필요합니다.

징계란 잘못에 대한 응징의 채찍으로 훈련하는 것을 말합니다. 그러나 징계는 부모의 분풀이가 아닙니다. 사랑의 매이므로 합리적 타당성이 분명할 때 매를 들어야 하고 그 매를 맞아야 할 이유를 자녀가 알고 수긍하면서 맞게 되어야 합니다. 징계에도 일관성이 필요합니다. 징계 후에는 용서의 감정을 갖도록 따뜻이 포용하고 사랑의 관심을 지속적으로 표명하므로써 징계의 효과가 긍정적으로 받아들여져서 자녀가 적극적으로 성장하도록 해야 합니다.

Ⅲ. 자녀를 훌륭하게 키우는 10가지 지혜

어린이들이 가정 밖에서 많은 영향을 받고 있지만 가장 오랫동안 영향을 미치는 것은 부모들입니다. 다음에 자녀들을 행복하고 책임감과 독립심이 강한 어린이로 키우는 10가지 방법을 소개합니다.

1. 자녀들을 사랑하라.

이것은 너무 당연한 일이라고 말할지 모르지만 실제로 어린이들이 집을 나간다거나 집 밖에서 문제를 일으키는 것은 그들이 부모의 사랑을 받지 못하고 있다고 믿기 때문입니다. 자녀들에게 애정을 나타내기 위해 꾸준히 노력하는 가정에서는 어린이들이 안정감을 갖고 부모를 깊이 신뢰하게 됩니다. 어린이들을 사랑한다는 것은 버릇없게 키우는 것과는 다릅니다. 별다른 이유 없이 주는 자그만 선물과 다독거림, 미소도 애정의 표시가 됩니다. 이런 것들이 자녀들의 먼 장래에까지 영향을 미치게 되는 것입니다.

2. 자존심을 길러주라.

어린이들이 스스로를 삐뚤게 보게 되면 학문적으로도, 사회적으로도, 개인적으로도 성장하지 못합니다.

부모들이 자신의 자녀들이 뭐 하나 제대로 해내는 일이 없다고 생각하는 것을 어린이들이 알아차리게 되면 이것이 원인이 되어 정말 아무것도 못하게 됩니다. 강한 자존심이 있어야만 어린이들은 훌륭한 일을 해낼 수 있습니다.

평균 수준의 재능 밖에 없으면서도 학업 성적이 뛰어난 어린이들이 종종 "내가 어렸을 때부터 부모가 <우리는 네가 참으로 자랑스럽다>는 말씀을 늘 해주셨어요, 부모님들이 나를 믿고 북돋워 주었기 때문에 나는 무엇이든지 할 수 있다는 자신감을 갖게 됐어요"라는 성공의 비결을 말하는 것을 봅니다.

3. 힘을 북돋워주라.

어린이들은 최선을 다하라는 격려뿐 아니라 새로운 노력을 할 때는 부모의 도움을 받으며 실수를 저질렀을 때도 이를 발전의 기회로 삼으라는 가르침을 받을 때는 일을 성공적으로 해냅니다. 일을 제대로 해낸 어린이들은 기쁨을 느끼게 되며 더 큰 기쁨을 찾아 나섭니다.

어린이들이 목표를 정할 때는 부모들의 욕심보다 어린이들의 능력에 맞는 목표를 정하도록 격려해야 합니다.

4. 어린이들의 말에 귀를 기울이라.

하루에 단 몇 분만이라도 텔레비전이나 신문 등을 보지 말고 서로 듣기만 하는, 귀 기울여 듣는 특별한 시간을 가져 보십시오. 대부분의 부모들은 자녀들의 말을 귀 기울여 듣는 데 시간을 내지 않고 있습니다. 어린이들의 말을 잘 들어야 원만한 부모 자식 간의 관계를 만들 수 있습니다. 단정하지 말고 이해심을 가지고 끝까지 들어줄 필요가 있습니다. 어려서부터 이런 버릇이 몸에 안 밴 어린이들은 나이가 들수록 마음속의 생각을 솔직히 부모에게 털어놓으려고 하지 않습니다.

5. 존경받도록 노력하라.

부모나 형제들에게 버릇없이 굴지 않도록 부모 형제들도 자신만의 시간과 공간을 가질 권리가 있다는 것을 어린이들이 알게 하는 것이 중요합니다.

어린이들이 최소한의 예의를 지키면서 스스럼없이 부모 곁에서 장난치며 놀도록 지도해야 합니다. 도덕은 몸에 배어야지 배워서 되는 것이 아닙니다.

6. 행동의 한계를 정해주라.

행동의 한계를 분명히 정해주면 어떤 새로운 문제에 부닥쳤을 때도 큰 잘못을 저지르지 않습니다. 난처한 입장에서 발을 빼려고 할 때 또래의 친구들에게 "나는 그것을 하기 싫어"라고 하기 어려운 경우 종종 "우리 부모님은 그런 걸 허락하지 않으셔"라는 말을 하는 게 더 효력이 있습니다.

어린이들은 자신에게 행동의 한계선이 그어지길 바라고 그때서야 안심합니다.

7. 신념과 신앙을 갖게 하라.

집안에서 대대 내려오는 가훈이나 종교 위에서 생활 원칙을 갖도록 하는 것이 필요합니다. 이렇게 하는 것이 어린이들이 남에게 바라는 만큼 남에게 해주는 것을 배우게 하며 부모들의 믿음과 행동이 오늘날에도 똑같이 적발되는 옛 전통에서 나왔다는 것을 어린이들이 알게 합니다.

8. 공부에 재미를 붙이게 하라.

요즘 어린이들이 새로운 지식과 기술을 필요로 하는 급변하는 세계에 살고 있습니다. 어린이들이 이런 세계에 대처하기 위해서는 호기심을 북돋아주고 창의성을 키워주며 일관성 있게 공부하는 습관을 갖도록 도와주어야 합니다.

이는 쓰기, 읽기, 계산하기에 못지않게 중요합니다.

9. 이웃에 관심을 갖도록 도와주라.

대부분의 어린이들은 추상적으로 다른 사람들에 대한 관심을 나타내고 있습니다. 부모들이 어린이들의 이러한 관심을 좀 더 구체적으로 잘 가꾸어 줄 수만 있다면 어린이들은 자신이 이웃과 사회로부터 받는 것보다 더 많은 것을 남에게 들려 줄 수 있는 건전한 시민으로 자랄 수 있을 것입니다.

어린이들은 자신들이 하는 일이 자그만 일이더라도 남에게 도움을 준다고 생각할 때 자신이 쓸모 있는 존재라는 것을 알게 됩니다.

10. 자립심을 길러주라.

부모 입장에서는 자녀들이 무릎에 타박상을 입었다든지 친구들에게 따돌림을 받아 시무룩해 한다든지 학교에서 반장을 하지 못해 속상해 하는 것을 보는 것이 괴로울지 모릅니다.

그러나 과잉보호는 자녀들이 매일 매일의 생활 속에서 배워야 할 교훈을 놓치게 합니다. 자녀들을 자립심과 독립심이 강하고 책임감 있는 어린이로 길러내는 것이 부모들의 목표가 되어야 합니다.

제 6 장 그리스도인의 부모공경

자녀가 자기를 낳고 길러서 장성한 사람이 되기까지 희생하신 부모님께 공경하고 효도하는 것은 당연한 일인 줄 압니다.

자녀는 부모에게 공경하는 법을 배워야 합니다.

I. 공경의 성경적 명령

에베소서 6장 1절에 "자녀들아 너희 부모를 주 안에서 순종하라 이것이 옳으니라"고 기록되어 있습니다.

(1) 자녀의 순종을 명령했습니다.

"자녀들아"라고 이곳에서 사용된 말은 모든 자손을 말할 때 사용된 넓은 의미로써 우리는 모두가 자녀들이라는 것입니다. 이 말씀의 의미는 <아직 부모님의 슬하에 있거나 혹은 부모를 부양하는 사람 누구나 부모에게 복종해야 한다>는 것입니다.

만일 존경하는 마음으로 부모를 대하는 깊은 감수성이 아주 어릴 때부터 길러진다면 어떤 의미에서는 순종하는 생활이 일생을 통해서 계속된다고 볼 수 있습니다.

(2) 네 아버지와 어머니를 공경하라고 하셨습니다.

이것은 일생동안 해야 할 일입니다. 비록 복종이 끝났을지라도 공경은 계속됩니다. 우리는 부모를 두려워하고 공경해야 합니다. 그것이 순종의 행위를 가져오는 올바른 태도입니다.

"네 아버지와 어머니를 공경하라 이것이 약속 있는 첫 계명이니 이는 네가 잘 되고 장수하리라"고 했습니다.

이 말씀은 모든 생활의 열쇠가 됩니다. 부모에 대한 순종과 훈계와 경외와 존경의 덕망으로 성장한 사람은 어떤 인간관계도 원만하게 이루어 나갈 수 있는 사람이기 때문입니다. 그리고 그의 생활은 번영하게 됩니다.

(3) 하나님께서는 자녀가 그의 부모를 공경하는 문제에 대하여 매우 엄격하게 명령했습니다.

출애굽기 21장 15절을 보면 "자기 아비나 어미를 치는 자는 반드시 죽일찌니라"고 하였고 17절에서는 "그 아비나 어미를 저주하는 자는 반드시 죽일찌니라"고 말씀하셨습니다.

모든 인간관계는 어린 시절에 배운 것에 기초를 두고 있습니다. 덕망, 존경, 순종 등이 어린 시절에 배워지면 그것들은 일생동안 흔들리지 않는 기초가 됩니다.

II. 기독교와 효의 관계

1. 효란 무엇인가?

효란 늙은 부모를 자식이 떠받들고 공경한다는 뜻입니다. 효는 부모의 자애에 대한 보은의 정신입니다. 한 마디로 말하자면 효는 자신을 낮추고 상대방을 높여 덕행으로 봉사하는 것입니다.

그러므로 효는 백행의 근원이라 하여 그 사람의 됨됨이를 부모에 대한 효성여하로 판단할 수 있다고 합니다.

효도는 자녀의 길이기에 앞서 인간의 길인 것입니다. 어버이를 중히 여기고 경애하는 이는 어느 누구에 대해서도 겸손하게 대하는 것입니다.

2. 효는 윤리입니다.

효는 동서고금 종교와 사상을 막론하고 최고의 윤리 규범입니다.

기독교는 십계명에서 부모를 공경과 효행을 사람의 윤리적 의무 가운데 최우선으로 가르치고 있습니다.

십계명은 제5계명에서 "네 부모를 공경하라"고 명하고 있습니다. 그 앞에 네 계명들이 하나님에 관한 것이고 나머지 여섯 계명은 인간관계를 규정한 것을 볼 때 기독교가 윤리 규범의 첫째를 효에 두고 있음은 명백합니다. 이렇게 효는 기독교 윤리의 첫째요, 도덕률이 되고 있습니다.

3. 기독교와 효

기독교의 효는 타종교의 효와는 다릅니다. 타종교는 하나님을 섬기고 주 안에서 부모를 공경하는 일이 없습니다. 하나님께서 성도들에게 말씀하시기를 "너를 낳은 아비에게 청종하고 네 늙은 어미를 경히 여기지 말라"(잠 23:22), "네 부모를 즐겁게 하며 너 낳은 어미를 기쁘게 하라"(잠 23:24)고 하였습니다.

부모에게 불효하는 자는 벌을 받기로 되어 있어 불효한 압살롬은 비참하게 죽었으며(삼하 18:31-33), 불효한 함도 형제들의 노예가 되었습니다(창 9:20-27).

그러므로 기독교의 효도는 주 안에서 하나님의 계명을 지키는 신앙의 행위로 하나님의 말씀에 순종하고 부모님에게 효도하는 것을 성경 곳곳에서 강조하고 있습니다.

(1) 효는 모든 덕의 근본입니다.

요한복은 19장 27절에 "또 그 제자에게 이르시되 보라 네 어머니라 하신대 그때부터 그 제자가 자기 집에 모시니라"고 했습니다. 이 말씀은 예수님의 모범적인 효행을 보여주는 것입니다. 부모에 대한 효란 정당한 도리입니다.

디모데전서 5장 8절에서 말하기를 "누구든지 자기 친족 특히 자기 가족을 돌아보지 아니하면 믿음을 배반한 자요 불신자보다 더 악한 자니라"고 했습니다. 이 말씀은 기독교가 얼마나 효를 중요시 하는 가를 잘 보여주고 있습니다. 효는 인간의 대륜이라고 합니다. 효가 얼마나 귀하다는 것은 더 말할 필요가 없는 줄 압니다.

(2) 효는 자식의 마땅한 도리입니다.

"하나님이 이르시되 네 부모를 공경하라 하시고 또 아비나 어미를 훼방하는 자는 반드시 죽으리라 하셨거늘"(마 15:4)이라고 했습니다.

자식은 부모의 뼈의 한 부분이요, 피의 한 부분입니다. 자식은 부모의 분신입니다. 피로 얽힌 부모와 자식의 관계는 인류의 근본입니다. 자식이 부모에게 효도하는 것은 너무나도 당연한 일입니다.

(3) 효는 하나님의 기쁘신 뜻입니다.

"너는 너의 하나님 여호와의 명한대로 네 부모를 공경하라 그리하면 너의 하나님 여호와가 네게 준 땅에서 네가 생명이 길고 복을 누리리라"(신 5:16)고 했습니다.

하나님은 우리에게 "네 부모를 공경하라"고 명령하셨습니다. 이것은 하나님의 기쁘신 뜻입니다. 사람은 은혜를 알고 은혜를 느끼며 은혜에 감사하고 은혜에 보답해야 합니다. 그것이 사람의 당연한 도리요, 본분입니다. 뿐만 아니라 하나님의 기쁘신 뜻을 준행하는 것입니다. 우리가 하나님의 뜻을 다 준행할 때 하나님을 영화롭게 해드리는 것이며 하나님의 한량없는 복을 누리게 됩니다.

III. 부모 공경의 방법

부모 공경이란 부모의 은혜에 보답하려는 자식의 마음을 뜻합니다. 보은 정신으로 부모를 받드는 것이 부모 공경입니다. 그러면 우리는 과연 어떻게 부모를 공경해야 하는가?

1. 부모 공경의 형태

부모 공경의 형태는 두 가지로 볼 수 있습니다.

(1) 전통적 인습에 의한 부모 공경이 잇습니다.

이것은 인륜적으로 사람의 도리를 알고 부모를 공경하는 것으로 부모 공경은 예절적이어서 지극히 형식화되었고 현세적인 입장에서 육신만 받드는 효도입니다.

(2) 신앙으로 하는 부모 공경이 있습니다.

우리는 전통적 인습에 의해서 부모를 공경할 것이 아니라 신앙적으로 부모를 공경해야 합니다. 이것은 천륜적으로 하나님께 대한 도리로 알고 부모를 공경해야 하며 현세적이고 영적으로 육신도 받들지만 특히 영혼을 위함에 있어서 신앙적 교훈을 찾으면서 부모를 공경해야 합니다.

2. 부모 공경의 방법

우리는 부모를 공경함으로써 그 깊고 넓은 은혜에 보답해야 합니다. 우리는 마땅히 부모를 공경하는 일에 모범을 보이는 효성스러운 그리스도인이 되어야 합니다.

(1) 부모의 인격을 존중해야 합니다.

"부모를 거역하며"(딤후 3:2)라고 했습니다. "존중히 여긴다"는 말은 소중히 여긴다. 또 가치 있게 여긴다는 뜻입니다. 말세의 종말론적 특징 가운데 하나가 부모를 거역하는 일이 성행하리라고 했습니다. 요즈음 우리의 현실이 그러합니다. 부모의 인격을 존중하지 않는 자녀들은 그들의 인격도 존중할 가치가 없는 것입니다.

(2) 부모에게 순종해야 합니다.

"자녀들아 너희 부모를 주 안에서 순종하라"(엡 6:1)고 했습니다. 순종이란 말을 잘 듣는다는 뜻입니다. 우리는 부모의 훈계를 잘 들어야 합니다(잠 1:8). 또한 부모의 명령을 실천해야 합니다(마 21:18-31). 부모에 대한 뜨거운 애정이 있을 때에 부모에게 보다 더 잘 순종할 수 있습니다. 또한 부모에 대한 깊은 신뢰감을 갖고 있을 때에 뜨거운 애정을 느끼며 순종하게 되는 것입니다.

(3) 부모에 대하여 감사하는 마음을 가져야 합니다.

"누구든지 자기 친족 특히 자기 가족을 돌아보지 아니하면 믿음을 배반한 자요, 불신자보다 더 악한 자니라"(딤전 5:8)고 했습니다. '감사합니다'라는 우리의 작은 말로 평생의 희생과 노고를 자랑스럽게 추억하는 것이 부모의 마음입니다. 자녀들이 부모의 마음을 알아줄 때 그 어느 순간보다도 부모는 기쁘고 즐겁습니다. 신자가 되어서 부모를 외면하는 것은 무서운 죄악입니다.

우리는 우리의 부모에게 많은 것을 요구하기 전에 나는 부모에게 얼마나 감사를 표현하며 살아왔는가를 생각해야 합니다. 잠언 31장 28절에 말하기를 "그 자식은 일어나 사례하라"고 하였습니다. 우리는 평생토록 부모에 대해 감사한 마음을 잊어서는 안 됩니다.

Ⅳ. 부모 공경 자에게 주시는 축복

"아들들아 아비의 훈계를 들으며 명철을 얻기에 주의하라 내가 선한 도리를 너희에게 전하노니 내 법을 떠나지 말라 나도 내 아버지에게 아들이었었으며 내 어머니 보기에 유약한 외아들이었노라 아버지가 내게 가르쳐 이르기를 내 말을 네 마음에 두라 내 명령을 지키라 그리하면 살리라"(잠 4:1-4)고 했습니다. 또 "내 아들아 들으라 내 말을 받으라 그리하면 네 생명의 해가 길리라"(잠 4:10)고 했습니다.

여기에서 보면 부모에게 순종하고 공경 잘 하는 자에게 주시는 축복은 '생명의 해'가 길리라는 '장수의 복'을 약속해 주셨습니다.

에베소서 6장 1절에 보면 바울 사도가 "자녀들아 주 안에서 부모를 순종하라"고 말하며 2절과 3절에서 "네 아버지와 어머니를 공경하라 이것이 약속 있는 첫 계명이니 이는 네가 잘 되고 땅에서 장수하리라"고 하였습니다.

여기에서도 땅에서 잘 되는 '형통의 복'을 약속하셨고 땅에서 장수하리라는 축복을 하였습니다. 하나님께서 우리에게 할당해 주신 충분한 시간만큼 오래도록 사는 것입니다. 자녀들이 그 부모를 순종하고 공경할 때 이 땅에서 장수하고 부유할 것이며 하나님 나라에서 하나님과 더불어 새 하늘과 새 땅에서 영원토록 살 것입니다. 모든 가능한 방법으로 그 약속은 이루어질 것입니다.

제 7 장 그리스도인의 행복한 가정생활

가정이란 가족이 모여 사는 울타리입니다. 가족이란 꽃과 나무가 조화를 이루어 심겨져 있는 정원입니다. 그리고 이 꽃나무들이 잘 자랄 수 있는 영양소는 사랑인 것입니다. 우리는 아름다운 정원을 갖기를 모두 원합니다. 그러나 저절로 정원이 잘 가꾸어지는 것은 아닙니다. 여기에 정원사의 정성이 필요한 것입니다.

이와 같이 행복한 가정이 되기 위해서는 정원사의 노력과 같이 가정의 구성원의 사랑과 노력이 따라야 합니다.

행복한 가정, 화목한 가정이 되는 데는 다음의 요소가 있어야 합니다.

(1) 사랑이 있어야 합니다.

평범한 말이지만 이 사랑만이 가정의 구성원을 이끌어 매는 띠가 되고 있습니다.

(2) 가족 전체 구성원원의 건전한 생활이 행복의 요소입니다.

만일 가족 중에서 단 한사람이라도 불행해지면 가정 전체가 불행해지는 것입니다.

(3) 가정이 하나님과 가족이 만나는 장소가 될 때 그 가정은 행복합니다.

가족과의 화목, 부모와 자녀, 형제, 자매간의 화목이 하나님과의 바른 관계 유지에 필요조건인 것입니다. 그리스도가 보신 하나님의 가정은 진실로 평화와 행복이 이루어지는 가정입니다.

Ⅰ. 가정의 본질

가정은 인간 형성의 초초의 중요한 교육의 장입니다. 인간은 누구나 가정이라는 만남의 장소를 통해서 삶의 기초적인 행동양식을 배우고 인격을 형성해 갑니다. 교육기관이 생기기 이전에는 가정이 교육을 책임지는 유일한 장소였고 부모는 최초의 교사로서 자녀에 대한 교육적 책임을 수행했었습니다.

그리고 가정은 사회 구성의 핵으로서 세포 조직과 같습니다. 이것은 가장 크고 아름답고 행복한 조직체입니다. 여기에서 남편과 아내, 부모와 자녀가 곧 가정이고 집인 것입니다. 한 가족이 뭉쳐 사는 집단입니다. 그 안에 사랑과 질서가 있을 때 그 가정은 언제나 아늑하고 행복하며 아름다운 가정입니다. 가정의 행복은 물건도 아니요, 오락장도 아니며, 물량도 아니요, 건물의 크기는 더욱 아닙니다. 다만 가정을 행복스럽게 만드는 요소는 신앙의 마음이요, 정신입니다. 가정은 사랑을 심으면서 가꾸고 사랑을 쏟아주면서 받는 곳입니다.

1. 가정의 기본적 요소

(1) 가정의 행복은 하나라는 데 의미가 있습니다.

가족은 하나라는 의미가 있습니다. 이것은 하나의 작은 사회를 건설하고 운영하며 협력하고 노력하는 데 있는 것입니다. 하나가 된다는 것은 힘이 있음을 말하고 평화를 의미합니다. 즉 남편이 아내와 하나 되고 아내가 남편과 하나 되고 부모가 자식과 하나 되는 것이므로 하나님께서 가정을 이루어주실 때 두 사람이 합하여 하나 된다고 축복하신 데서 비롯된 것입니다.

(2) 가정의 행복은 사랑의 사람에 있습니다.

사랑을 발견할 수 있는 곳은 가정입니다. 가정은 처음부터 사랑으로 출발한 것입니다. 부부는 사랑의 상징입니다. 자기 몸 같이 사랑하고 순종하며 이해하고 협조하며 인내와 융화와 신뢰와 수요와 희생을 의미합니다. 온 세상이 내어 쫓을지라도 그를 받아주는 곳이 가정입니다.

2. 천국으로서의 가정의 요건

성경은 행복한 가정의 조건을 명백하게 가르쳐주고 있는데 "가산이 적어도 여호와를 경외하는 것이 크게 부하고 번뇌하는 것보다 나으니라. 여간 채소를 먹으며 서로 사랑하는 것이 살진 소를 먹으며 서로 미워하는 것보다 나으니라"(잠 15:16-17). 이 말은 가정의 행복은 주님을 모신 가정이며 사랑이 지배하는 가정으로 가정의 천국화를 말씀하고 있습니다. 즉 근본적인 행복의 조건은 '하나님을 모신 가정'이며 '서로 사랑하는 가정'입니다. 이것이 근본적인 조건이요, 다른 것은 부차적인 조건입니다.

(1) 주님을 모신 가정이어야 합니다.

"가산이 적어도 여호와를 경외하는 것이 크게 부하고 번뇌하는 것보다 나으니라"(잠 15:16)

왜 가정에 하나님을 모시는 것이 행복의 절대조건이 되는 것일까요? 그것은 가정의 존재방식이 사랑과 신뢰에 바탕을 둔 사귐에 있으며 진정한 사귐의 기초는 하나님의 형상대로 지음 받은 영적 존재인 인간의 존재방식이

'하나님과의 사귐'에 근거하기 때문입니다. 가족 간의 사귐 이전에 인간은 하나님과의 사귐에서 그 존재방식의 기초를 이루게 되어 있습니다. 하나님과의 사귐이 끊어진 인간은 그 자체가 불완전한 인간이기에 진정한 기쁨, 진정한 행복을 상실하는 것입니다.

우리의 마음속에 주님을 모실 때 우리는 매일 기쁘고 우리의 가정에 주님을 모실 때 우리의 가정이 진정한 사랑과 신뢰와 사귐을 경험하므로써 가정의 행복이 보장됩니다.

(2) 사랑이 있는 화목한 가정이어야 합니다.

"여간 채소를 먹으며 서로 사랑하는 것이 살진 소를 먹으며 서로 미워하는 것보다 나으니라"(잠 15:17). 천국과 같이 아름답고 행복한 가정이 되려면 사랑이 있는 화목한 가정이 되어야 합니다.

진정한 사랑은 조건이 없습니다. 사랑은 상황과 조건을 뛰어넘는 화해와 일치를 만들어내는 능력입니다. 이 사랑을 지니는 가정은 그 가정의 재산이나 기타 외형적 조건의 어떠함에도 불구하고 화해와 행복을 만들어내는 것입니다. 그러므로 사랑은 행복한 가정을 위한 선결조건이요, 절대조건입니다.

"마른 떡 한 조각만 있고도 화목하는 것이 육선이 집에 가득하고 다투는 것보다 나으니라"(잠 17:1)는 말씀같이 행복은 화목한 가정에 있으며 화목은 진실한 사랑에서 이룩됩니다. 그리고 그 사랑은 하나님의 사랑에 뿌리를 둔 깊은 사랑이어야 합니다.

여기에 '하나님을 모시는 일'과 '서로 사랑하고 화목하는 일'은 사실상 하나의 양면입니다. 이것이 행복한 가정의 절대조건입니다.

아무도 어떤 이에게 관심을 가져 주지 않을 때라도 그의 상처에 대하여 같이 울어줄 만큼 그를 충분히 염려하여 줄 사람들의 모임이 바로 가정입니다. 이 가정에 사랑이 있기 때문입니다. 이런 사랑이 있을 때, 그 가정은 행복합니다.

(3) 가정의 행복은 위안을 주는 데 있습니다.

가정은 정신 위생의 가장 좋은 요양원입니다. 그리고 가정은 심리적인 안식처라고도 합니다. 오늘날 급격히 변화하는 사회 속에서 복잡한 인간관계와 갈등, 공허, 멸시, 냉대, 배신 등 많은 것이 팽창되어 가는 세상에서 가정은 가족들이 서로 염려하는 일을 분담하고 인내하고 허물없이 나눔으로 치료책을 갖는 작은 교제권입니다. 서로 위안을 주고 위로받을 때 가정의 행복이 있습니다.

(4) 가정의 행복은 보존성에 있습니다.

사람은 자기 보존의 욕구를 가지고 있습니다. 사람은 재산의 보존, 명예의 보존, 문화의 보존, 종교의 보존, 생명의 보존을 갈망하고 있습니다. 자기 보존은 가정의 보존이요, 가정의 보존은 역사의 보존입니다. 자기 보존을 위하여 공동으로 노력하고 여기에 행복한 가정을 이루는 기초가 됩니다.

Ⅱ. 건실한 가정의 기초

"그러므로 누구든지 나의 이 말을 듣고 행하는 자는 그 집을 반석 위에 지은 지혜로운 사람 같으리니 비가 내리고 창수가 나고 바람이 불어 그 집에 부딪치되 무너지지 아니하나니 이는 주초를 반석 위에 놓은 연고요 나의 이 말을 듣고 행치 아니하는 자는 그 집을 모래 위에 지은 어리석은 사람 같으리니 비가 내리고 창수가 나고 바람이 불어 그 집에 부딪치되 무너져 그 무너짐이 심하니라"

집을 건축하는 데는 좋은 재목도 필요하지만 가장 중요한 것은 그 집의 기초를 얼마나 튼튼히 하는가입니다. 가정도 마찬가지입니다. 가정의 겉모습이 아름답다고 해서 행복한 것이 아니라 보이지 않는 가정의 기초가 어디에 놓여 있는가에 따라서 행복할 수도 불행할 수도 있습니다. 보이지 아니하나 가정의 기초가 어디에 놓여 있는가에 따라서 든든한 가정과 든든치 못한 가정이 있습니다. 외적인 모습은 화려하고 행복해 보여도 기초가 든든치 아니하면 어려운 일이 닥칠 때 그 가정은 든든히 서 있기가 어려울 것입니다. 다시 말해서 예수를 구주로 영접하고 하나님의 말씀을 듣고 순종하는 가정은 반석 위에 세운 든든한 집과 같을 것입니다.

그렇다면 건실한 가정의 기초는 무엇인가를 생각하고자 합니다.

1. 길 되신 예수님 위에 세워지는 가정

우리는 인생의 길을 걸어가는 존재입니다. 어떤 길을 걸어가느냐에 따라서 그 사람의 운명이 결정됩니다. 길이 아닌 곳이나 잘못된 길을 걷는다면 그 인생은 실패로 끝나고 마는 것입니다.

하나님은 길에 대하여 여러 곳에서 말씀하고 계십니다. 모세는 신명기 5장 32~33절에서 "그런즉 너희 하나님 여호와께서 너희에게 명령하신 대로 너희는 삼가 행하여 좌로나 우로나 치우치지 말고"라고 하였고 시편 27편 11절에는 "여호와여 주의 길로 나를 가르치시고"라고 바른 길을 걷도록 말씀하고 있습니다.

예수님께서는 "내가 곧 길이다"라고 말씀하셨는데 이는 길의 안내자일 뿐 아니라 예수님 자신이 길이기 때문에 예수님과 함께 걸어가면 정확하게 목적지에 이를 수 있다는 것입니다.

그러므로 우리는 예수님이 걸어가신 대로 섬기고 받들고 사랑하며 믿음 가운데 사는 길을 걸어갈 때 행복한 가정 건실한 가정이 되는 것입니다. 건실한 가정의 기초는 길이 되시는 예수님 위에 세워지는 가정입니다.

2. 진리이신 예수님 위에 세워지는 가정

시편 86편 11절에 "여호와여 주의 도로 내게 가르치소서 내가 주의 진리에 행하오리니 일심으로 주의 이름을 경외하게 하소서"라고 하였습니다. 진리를 바로 아는 가정이 건실한 가정이 되는 것입니다. 인생으로 하여금 변화되고 행복한 가정을 꾸려나가도록 영향을 주는 것은 예수 그리스도께서 가르치신 진리입니다.

우리는 진리가 되시는 예수 그리스도를 우리 가정에 모실 때 행복한 가정이 됩니다. 예수 없는 가정, 진리 없는 가정은 모래 위에 세운 집과 같아서 비가 오고 창수가 나면 무너집니다. 진리 위에, 반석 위에 세워진 가정은 돈이 없어도 지식이 부족해도 괜찮습니다. 하나님께서 보장해 주시는 가정이 되는 것입니다.

우리의 자녀들에게 이 진리를 바로 가르칠 때만이 가정이 행복해지고 나아가서 사회가 평화롭게 되는 것입니다. 건실한 가정의 기초는 진리이신 예수님 위에 세워지는 가정입니다.

3. 생명이 되시는 예수님 위에 세워지는 가정

예수님께서 오신 까닭은 우리로 하여금 생명을 얻게 하고 더 풍성히 얻게 하려는 것이라고 요한복음 10장 10절에 말씀하셨습니다. 오늘 우리는 넉넉하게 사는 것 같지만 사실은 긴장과 초조 가운데 고독과 불안 가운데 살아가는 사람들이 많이 있습니다.

우리는 조각나고 분열되고 초조와 불안 속에 사는 사람들에게 풍성한 삶을 살도록 참 생명의 진리를 전해야 합니다. 건실한 가정의 기초는 생명이 되시는 예수님 위에 세워지는 가정입니다.

오늘 우리의 가정이 예수 그리스도의 길과 진리와 생명을 기초로 하고 반석 위에 세워진 건실하고 행복한 가정이 되어서 바람이 불고 창수가 나도 무너지지 않는 안전하고 행복한 가정을 이루어야 합니다.

III. 행복한 가정의 요소

"그러므로 너희는 하나님의 택하신 거룩하고 사랑하신 자처럼 긍휼과 자비와 겸손과 온유와 오래 참음과 옷 입고 누가 뉘게 혐의가 있거든 서로 용납하여 피차 용서하되 주께서 너희를 용서하신 것과 같이 너희도 그러하고 이 모든 것 위에 사랑을 더하라 이는 온전하게 매는 띠니라. 그리스도의 평강이 너희 마음을 주장하게 하라. 평강을 위하여 너희가 한몸으로 부르심을 받았나니 또한 너희는 감사하는 자가 되라. 그리스도의 말씀이 너희 속에 풍성히 거하여 모든 지혜를 피차 가르치며 권면하고 시와 찬미와 신령한 노래를 부르며 마음에 감사함으로 하나님을 찬양하고 또 무엇을 하든지 말에나 일에나 다 주 예수의 이름으로 하고 그를 힘입어 하나님 아버지께 감사하라"(골 3:12-17).

이 말씀 가운데 행복한 가정의 삶의 요소에 대하여 말씀하여 주고 있습니다.

그러면 행복한 가정의 요소는 무엇일까요?

1. 긍정적 관계성

인간은 관계성을 떠나서는 살아갈 수 없습니다. 모든 인간관계 중에서 가장 뜨거운 관계는 가정에서의 관계입니다. 아내와 남편, 형제간의 관계처럼 뜨거운 관계는 없습니다. 이 관계가 긍정적이어야 합니다.

"사랑하신 자처럼 긍휼과 자비와 겸손과 온유와 오래 참음으로 옷 입고"

라는 말씀은 서로 긍정적인 관계를 가지고 살아가야 한다는 말씀입니다.

현대의 가장 큰 위기는 대화의 단절입니다. 부모와 자녀들이 앉아서 오순도순 이야기하는 그런 뜨거운 관계는 사라지고 말았습니다. 온 가족이 어울려 살기는 살되 남편과 아내와 자녀들은 극단의 고독과 소외감 때문에 병들어가는 심령을 안고 있는 것입니다.

이런 때에 하나님께서는 우리에게 긍정적인 긍휼과 자비와 겸손과 온유와 오래 참음, 사랑으로 행복한 가정을 이루라고 하는 것입니다.

뜨거운 인간관계를 상실한 채 대화가 단절된 채 소외감과 고독감 가운데 살아가는 현대인들에게 행복한 가정을 이루기 위해서는 긍정적인 인간관계를 가져야 합니다.

2. 작은 일에 관심을 가지는 가정

"지극히 작은 일에 충성된 자가 큰 일에도 충성되다"고 말씀했습니다. 우리는 흔히 가정이기 때문에 작은 일에 무관심하곤 합니다. 그러나 종종 작은 일이 점점 벌어져 걷잡을 수 없게 되는 때가 있습니다. 가정의 문제는 것을 돈을 많이 벌어오지 못했거나 큰 집을 짓고 살지 못했기 때문이 아닙니다. 지극히 작은 일에 무관심하기 때문에 행복을 잃어버릴 때가 많습니다. 지극히 작은 데서 오는 상처를 치료할 때 행복해질 수 있습니다. 지극히 작은 것에 무관심하지 말고, 작은 것에서부터 행복을 창조할 수가 있는 것입니다.

3. 용납과 이해가 있는 가정

본문 말씀에 "서로 용납하며 피차 용서하라"고 했습니다. 가정은 용납과 이해의 장소입니다. 우리가 여러 가지 실수를 범하지만 그저 받아들이고 용서해야 합니다.

행복한 가정의 요소는 용납과 이해가 있을 때 가능합니다.

4. 절제 있는 가정

행복한 가정은 정신적으로 물질적으로 지적으로 절제가 있어야 합니다. 사랑의 아홉 가지 열매 가운데 하나가 절제 있는 생각이라고 했습니다. 성내고 싶을 때 성내지 않아야 됩니다. 자제하며 살아갈 때 그 가정은 행복해 질 수 있습니다.

절제하는 가정이 기독교의 가정입니다. 신앙마저도 허영으로 산다면 불행한 일입니다. 행복한 가정의 기초는 시간을 절제, 재물을 절제, 우리의 정력을 절제할 때에 행복한 가정을 이룰 수 있습니다.

5. 감사하는 가정

"너희는 감사하는 자가 되라"고 하셨습니다. 우리 가정을 주신 데 대해서 감사해야 합니다. 사랑하는 아내, 귀여운 자녀, 믿음직한 남편을 주신데 대하여 감사해야 합니다.

행복한 가정의 요소는 긍정적 관계성의 가정, 작은 일에 관심을 갖는 가정, 용납과 이해가 있는 가정, 절제 있는 가정, 감사하는 가정을 통해서 행복한 가정을 이루어 나갈 수 있습니다.

Ⅳ. 행복한 가정을 창조하는 비결

진정한 가정의 행복은 어디서부터 시작되며, 어떻게 가정을 행복한 가정으로 창조해 갈 수 있을까는 중요한 일입니다. 성경을 근거로 네 가지 측면에서 소개하고자 합니다.

1. 서로 존중히 여기는 가정

서로의 인격을 존중하고 부모와 자식 간에도 서로 존중하는 가정에 행복은 찾아오게 되는 것입니다. 그러므로 에베소서 6장 1절에 보면 "자녀들아 너희 부모를 주 안에서 순종하라, 아비들아 너희 자녀를 노엽게 하지 말라"고 말씀하고 있습니다.

가정에 대한 기독교 신앙의 본질적인 명제는 '서로 존경하는 것'입니다. 부부간에 자식들 간에 서로 아끼고 섬기며 서로의 인격을 존중하는 가정이 되어야 하는 것입니다.

우리가 주 안에서 서로 아끼고 존중히 여기는 가정이 될 때에 우리의 가정에 주 안에서의 아름다운 행복이 창조되는 것입니다.

2. 규모 있는 가정

유명한 여성 가정학자인 버지니아 사타이아는 가정의 네 가지의 중요한 특색을 다음과 같이 말하였습니다.

첫째로 자기의 가치를 인정하고 자기를 존중히 여기는 가정, 둘째는 서로 뜻이 통하는 가정, 셋째는 규칙이 있고 질서가 있는 가정, 네 번째 사회와 잘 조화되어 연결된 가정이라고 했습니다. 규모 있는 가정은 행복한 가정이 될 수 있습니다.

하나님의 질서가 지배하는 가정, 그리스도의 말씀 안에 질서 있는 가정을 이루어 나갈 때에 우리는 믿음 안에서 행복을 창조할 수가 있습니다.

3. 의사가 소통하는 가정

우리의 가정에서는 의사소통이 있어야 합니다. 뜻이 통하는 가정이 되어야 합니다.

오늘 우리의 가정에서 의사가 바르게 소통될 때 행복한 가정이 될 수 있습니다.

4. 신앙으로 성장하는 가정

행복한 가정은 믿음으로 성장합니다. 믿음으로 성장하는 가정은 행복해질 수 있습니다.

하나님의 말씀으로 서로 존중히 여기는 가정이 되어야 합니다. 하나님의 진리의 말씀 안에서 규모 있는 가정, 질서 있는 가정이 될 때에 행복은 찾아옵니다.

단절된 생활에서 벗어나 우리의 뜻이 서로 통하고 대화가 통하는 가정이 될 때에 행복은 창조됩니다. 신앙 안에서, 말씀 안에서 성장하는 가정이 될 때에 행복이 찾아오게 됩니다.

V. 바람직한 가정상

가정이 있으되 서로 사랑을 주고받을 줄도 모르고 사랑이 없는 가정은 불쌍합니다. 가정에서 사랑의 양식을 먹고 자라난 아이들은 좋은 성격으로 훌륭한 인격자가 될 수 있습니다.

그러나 부모의 애정과 형제간의 사랑을 주고받을 줄 모르고 자란 자녀들은 불건전한 인격자가 되기 쉽습니다. 가정에는 사랑의 태양이 가득 차 있어야 합니다. 가정은 사랑의 저수지로서 사랑의 공급처가 되어야 합니다.

그러면 바람직한 가정상은 어떠해야 할까요?

1. 인내와 친절의 사랑을 가진 가정

고린도전서 13장에 "사랑은 오래 참고 온유하다"고 했습니다. 우리는 서로 참고 우리의 언행에 있어서 선함과 친절로 상대방을 대해야 합니다. 그렇게 될 때 행복한 가정이 될 수 있습니다.

2. 신뢰와 겸손의 가정

성경에 "사랑은 시기하지 아니하고 자랑하지 아니하고 교만하지 아니한다"고 했습니다. 시기하지 않는 것이 사랑입니다. 가정에서 가장 중요한 것은 믿고 의지하며 살아가는 신뢰입니다. 그리고 겸손하게 살아가는 데 행복이 있습니다.

교만한 마음을 가진 사람은 고립되어서 고독하게 살 수밖에 없으며 때로 가정을 파괴시킵니다. 우리는 서로 도우며 최선을 다하여 우리의 가정을 행복한 가정으로 가꾸어 가야 합니다.

3. 예절과 품위가 있는 가정

성경에 "사랑은 무례하지 않는다"고 했습니다. 우리는 예절 바른 사람을 가리켜 신사, 숙녀라고 합니다. 성령의 "무례하지 않다"는 말은 헬라어로 "매력이 있다"는 뜻입니다. 예절 바른 사람은 매력이 있습니다.

오늘날 그리스도인의 가정은 예절 바르고 품위 있고 매력 있는 가정이 되어야 합니다. 내 남편과 내 아내를 무시하면 세상 사람이 나의 남편과 아내를 무시합니다. 내 아내와 내 남편을 존경할 줄 알 때 가정의 행복이 찾아오게 되는 것입니다.

행복한 가정은 사회가 만들어주지 못합니다. 부모가 돈으로도 만들어주지 못합니다. 친구가 갖다 주지도 못합니다. 서로에게 인내하고 친절해야 합니다. 의지하면서 겸손하게 섬겨야합니다. 예절과 품위 있는 인격을 통해서 행복한 가정을 만들어야 합니다.

Ⅵ. 오늘의 이상적 가족상

그리스도가 보신 하나님의 가정은 진실로 평화와 행복이 이루어지는 가정입니다. 그 속에 사랑이 있고 가족 전체 구성원의 건전한 생활이 행복의 요소가 되며 가정이 하나님과 가족이 만나는 장소가 될 때 그 가정은 행복합니다. 행복한 가정을 이루는 한 일원인 각 가족의 이상적인 모습은 무엇이어야 할까를 일반적인 면에서 소개하고자 합니다.

1. 이상적인 남편상

(1) 남편 예찬론

세상에서 부모 다음에 좋은 사람은 남편입니다. 의식주 문제 해결해주고, 아프면 병원에 데리고 가고, 타인에게는 할 수 없는 말도 마음 놓고 남편에게만은 염려 없이 할 수 있습니다.

기분 나쁠 때 아무리 화풀이를 해도 받아주고 남편은 아내의 모든 것을 해결해 주고 사랑해 주는 유일한 존재입니다. 부모의 사랑도 좋으나 남편의 사랑은 동등한 입장이요, 군림하지 않아서 좋습니다.

부모에게 할 수 없는 잔소리도 할 수 있고 부모에게는 못하는 부탁도 할 수 있어서 좋습니다. 부모 앞에서는 발을 뻗고 앉거나 누워 있기가 어려워도 남편 앞에서는 앉거나 서거나 누워도 신경 쓸 필요가 없습니다. 그러므로 남편은 이 세상에서 제일 좋은 사람입니다.

(2) 남편의 조건

① 건강해야 합니다.

건강하지 않으면 활동을 못하기 때문에 남편으로 적당치 않습니다. 남편은 절대로 유리곽 속에 넣고 보는 인형이 아닙니다.

② 부모에게 효도하고 형제간에 우애 있고 친구 간에 평이 좋은 사람이라야 합니다.

이런 사람은 인간관계가 원만하고 신빙성이 있어 아내를 배신하거나 거짓으로 살지 않을 사람이기 때문입니다.

③ 경제적 능력이 있어야 합니다.

남편을 먹여 살려야 된다면 여자는 결혼할 필요가 없습니다. 좌우간 혼자 사는 것보다 나으려고 결혼하는 것입니다.

④ 아내를 유일한 배필로 알고 사랑할 줄 알아야 합니다.

⑤ 교양이 있어야 합니다.

⑥ 의지가 강해야 합니다.

2. 이상적인 아내상

여자에게는 칭찬받을 네 가지 덕이 있습니다.

1) 부녀로서의 덕성
2) 부녀로서의 용의
3) 부녀로서의 말씨
4) 부녀로서의 솜씨

부녀의 덕성이란 맑고 절개가 곧으며 염치 있고 절제가 있어서 자기 분수를 지켜 마음을 정연히 가다듬고 행지에 수줍음이 있으며 동정에 법도가 있는 것 이것이 바로 부녀의 덕성입니다.

부녀의 용의란 항상 먼지며 때를 빨아 옷차림을 깨끗이 하며 목욕을 제 때에 하여 일신에 불결함이 없도록 하는 것, 이것이 바로 부녀의 용의입니다.

부녀의 말씨란 말을 가려서 하되 그른 말을 하지 않으며 꼭 해야할 때에 말을 하여 사람들이 그 말을 싫어하지 않도록 하는 것이 부녀로서의 말씨입니다.

부녀로서의 솜씨란 길쌈을 부지런히 하며 좋은 맛을 갖추어서 손님을 접대하는 것이 바로 부녀로서의 솜씨입니다.

새로운 형태의 이상적인 여성은

① 아내로서의 역할 뿐만이 아니라 한 가정에서는 부와 모의 역할을 동시에 조화 있게 할 수 있어야 하고

② 가정 밖에서는 한 사회인으로서의 역할을 다 해낼 수 있는 자질과 능력을 갖추도록 노력해야 할 것이며

③ 남편과 동반자나 반려자가 될 수 있어야 합니다.

3. 이상적인 부모상

부모는 가정의 안식처요, 피난처입니다. 부모는 가정의 어둠을 밝히는 빛이요, 방향을 제시하는 등대입니다. 부모는 가정의 기둥이요, 대들보입니다.

부모는 가정에 따뜻함과 부드러움을 주는 원천이며 용서와 사랑과 자비를 주는 샘이며 든든함과 안도를 안겨주는 넓은 가슴이어야 합니다.

이상적 부모의 모습은

1) 자녀들에게 불건강으로 인해 심려를 끼치지 않는 건강한 부

모입니다.

2) 자녀를 사랑하며 절제 있게 사랑하는 부모입니다.

3) 서두르지 않고 게으르지 않는 부모입니다.

4) 부모는 자녀에게 좋은 유산을 남겨주어야 합니다.

부모는 자녀의 친구가 되고, 대화자가 되고, 인생을 함께 살아가는 동반자라는 입장에서 자녀를 생각할 때 자녀들의 전적인 존경과 사랑을 받을 수 있을 것입니다. 사랑과 위엄이 조화를 이룰 때 이상적인 모습이 될 수 있습니다.

4. 이상적인 자녀상

1) 자신의 가능성을 충분히 실현할 수 있는 기회를 충분히
   가져주는 자녀

2) 자기 생활에 충실할 수 있는 철학을 가진 자녀

3) 정신적으로 건강한 사람

4) 자율적인 인간

5) 집단 속에서 잘 적응하는 사람

또 다른 면에서 보면,

① 자기 건강에 관심을 갖는 사람

② 자기 하는 일에 자신감 있는 생활 태도를 체득한 사람

③ 가정에서 가족 간에나 직장에서 동료 간에나 그 외의 친구나 웃어른들에게나 후배에게도 양보하고 봉사할 수 있는 착한 마음을 가진 사람

제 8 장 성경적인 가정상

가정은 사회의 가장 작은 단위입니다. 가정은 모든 생활의 기초이며 시작입니다. 가정은 포근하고 평안하며 건강하고 풍성한 삶의 원천이 되어야 한다.

우리는 성경적인 가정상을 살펴보고, 오늘의 가정들이 건강한 가정을 유지했으면 합니다.

Ⅰ. 성경적인 가정상

1. 가정의 기원

하나님께서는 태초에 천지를 창조하시고 인간을 만드셨습니다(창세기 1장). 그런 후 가정을 이루어주셨습니다. 즉 가정 설계자는 하나님이십니다. 가정의 출발점인 결혼은 인간이 고안한 제도가 아닙니다. 하나님께서 인류의 조상인 아담과 하와를 통해 이루신 거룩한 제도입니다. 창조사역의 일부인 것입니다. 가정의 기원은 하나님이 창조하신 가장 귀한 제도입니다.

아주 특별한 경우(고전 7:7-8)를 제외하고는 하나님께서는 인간이 혼자 사는 것을 기뻐하지 않으십니다(창 2:18). 성경은 말씀합니다. "아내를 얻는 자는 복을 얻고 여호와께 은총을 받는 자니라"(잠 18:22). 하나님께서는 독처하고 있는 아담에게 배우자를 선물로 주셨습니다. 그리고 그 둘을 통해서 자녀를 기업으로 주셨습니다. 이것이 가정의 시작입니다.

가정은 인류의 시작과 더불어 세워진 가장 오래된 제도요, 사회의 기본단위이며 가장 기초적이고도 핵심적인 공동체입니다.

2. 예수님의 가정설계 법칙

마태복음 19장에 보면 유대 지경에서 바리새인들이 예수님을 시험하고자 할 때 예수님께서 이혼에 대해 말씀하시면서 가정에 대한 귀한 교훈을 말씀해주셨습니다. 특히 5절과 6절을 통해 우리에게 가르쳐주신 가정설계 법칙을 소개하면 다음과 같습니다.

(1) 독립의 법칙 – "부모를 떠나서"

부모를 떠난다는 말은 단순히 '분가'의 의미만 있는 것이 아니라 하나의 독립된 인격체로서 스스로 삶을 책임지고 가정을 이끌 수 있는 위치에 선다는 뜻입니다.

(2) 연합의 법칙 – "아내에게 합하여"

배우자를 위해 자신을 헌신하고 조화를 이루는 것이 연합니다. 서로의 단점은 용납하고 보완하여 완전을 향해 나아가는 것을 뜻합니다.

가정은 남자와 여자의 연합에서 시작됩니다. 이는 애정과 책임을 수반한 인격적, 육체적 연합을 통해서 형성되는 것입니다. 가정은 가족이 안주할 수 있는 장소이며 심신의 피로를 풀 수 있고 휴식과 사랑이 있는 따뜻한 보금자리입니다.

(3) 하나 됨의 법칙 - "한 몸이 될지니라"

가정의 탄생은 둘이 모여 하나가 되면서부터 시작됩니다. 불완전한 반쪽이 서로 제 짝을 찾아 온전히 맞추어지는 것이 하나 됨입니다. 부부는 가치관과 목표, 육체까지도 분리 되어선 안 됩니다. 이는 의무이면서 동시에 부부만이 누리는 특권입니다. 가정이란 부부관계를 기초로 하여 하나되는 애정과 신뢰의 결합입니다.

(4) 친밀성의 법칙 - "사람이 나누지 못할지니라"

하나님이 맺어주신 가정은 비록 허물이나 약점이 있더라도 친밀함이 깨져서는 안 됩니다. 서로에게 열려 있어야 하며 오히려 그 약점들 때문에 서로를 도울 수 있어야 합니다. "벌거벗었으나 부끄러워 아니하니라"(창 2:25). 이것이 부부의 친밀감입니다.

3. 성경적인 가정상

가정을 만드신 분이 하나님이시기 때문에 하나님의 자녀인 그리스도인들은 자신의 가정을 자기 마음대로 관리해서는 안 됩니다. 그 가운데 하나님의 다스리심이 미쳐야 합니다. 가정을 통해서 하나님의 뜻이 이루어져야 합니다. 하나님이 임재하시는 가정은 아래와 같습니다.

① 아버지가 영적 제사장으로 우뚝 선 가정(고전 16:13)
② 어머니의 양육과 사랑이 샘물처럼 흐르는 가정(딤후 1:5)
③ 자녀들이 주의 훈계와 교훈으로 양육 받는 가정(신 6:6-7)
④ 이단 사상에 현혹되지 않는 가정(딛 1:11)

우리는 가정을 통해 하나님의 모습을 그대로 볼 수 있어야 하며, 동시에 다른 사람들에게 보여줄 수 있어야 합니다. 자신과 배우자, 자녀 모두가 하나님의 성품을 본받고 우리의 가정을 통하여 하나님이 영광을 받으시도록 온전한 창조질서 가운데 거하는 것이 성경적인 가정의 자화상입니다. 가정이 천국의 모형인 이유가 여기에 있는 것입니다.

하나님은 가정을 통하여 생육하고 번성할 것을 명하셨습니다. 따라서 기독교 가정은 하나님의 명령을 지킴으로 하나님의 뜻을 이루며 하나님의 영광을 드러내야 합니다.

II. 행복한 부부상

그리스도인의 가정은 예수님을 모신 예수님의 가정이 되어야 합니다. 그때에 그 가정은 아름답고 그리스도인의 향기를 발하며 하나님의 영광을 드러내는 가정이 될 수 있다. 그리스도를 구주로 모신 부부는 행복한 부부가 될 수 있습니다. 그리스도인의 가정은 그 자체의 이익을 위해 존재하는 것이 아니라 하나님의 영광과 이름을 드러내기 위하여 존재하는 것입니다.

1. 가정 안에서 부부의 위치

가정이 행복해지는 것은 우리의 소원이자 하나님의 소원입니다. 특별히 그리스도인의 가정은 다른 가정보다도 그 행복의 수준이 높고 그 차원이 깊어야 합니다. 그리스도 안에서는 가정도 새롭게 재창조되는 역사가 나타나기 때문입니다(고후 5:17).

가정의 행복을 결정짓는 핵심 요소는 부부의 하나 됨입니다. 부부가 연합하고 화목할 때 그 모습을 보는 자녀들이 건강하게 자랍니다. 밝은 사회가 건설되고 궁극적으로 하늘나라가 확장됩니다. '부부사랑 기초석'이 든든히 세워질 때 행복한 가정이 만들어집니다.

가정은 부부의 결합으로 이루어집니다. 남편과 아내는 서로 남남이면서도 결혼을 통하여 하나가 되는 신비스러운 관계입니다. 하나님은 "남자가 부모를 떠나 그 아내와 연합하여 둘이 한 몸을 이룰지로다"(창 2:24)라고 하시므로 결혼을 통하여 둘이 하나가 되는 원리를 세웠습니다.

2. 행복한 부부관계를 위한 10계명

(1) 있는 그대로 받아들여야 합니다.

부부는 다르게 창조되었습니다. 신체구조와 정서가 다릅니다. 자라온 환경과 배경도 틀립니다. 그러므로 상대의 고칠 수 없는 약점은 절대로 건드리지 말아야합니다. 남과 비교하면 비교급 인생밖에 안 됩니다. 최상급 인생관을 갖는 것이 행복의 비결입니다. 그러기 위해서는 있는 그대로 받아들여야 합니다. 남편은 아내의 있는 그대로 받아들이고, 아내는 남편의 있는 모습 그대로 받아들여 장점과 단점을 잘 조화하여 행복한 가정을 만들어가야 합니다.

(2) 부부싸움을 은혜롭게 해야 합니다.

살면서 갈등이 없을 수 없습니다. 싸우더라도 동시에 화를 내지 마십시오. 처음 5분을 참으십시오. 절대 넘으면 안 될 선(폭력이나 상대 집안을 헐뜯는 것 등)을 넘어선 안 됩니다. 부부란 3주 연구하고, 3개월 연애하며, 3년 싸우고, 30년 인내하는 사이입니다. 살면서 부부싸움을 안 하고 살면 좋지만 부득이 부부싸움을 할 때는 은혜롭게 하는 것이 좋습니다.

(3) 자주 칭찬하십시다.

일반적으로 아내는 남편으로부터 '사랑한다, 예쁘다'라는 말을, 남편은 아내로부터 '멋지다, 최고다'란 말을 가장 듣고 싶어합니다. 칭찬만큼 부메랑(산울림)법칙이 발휘되는 것은 없습니다. 칭찬은 행복한 아내, 성공하는 남편을 만듭니다.

남편은 아내의 음식 솜씨에 칭찬을 하고 변모된 모습에 칭찬을 하면 매우 좋아합니다. 아내는 남편의 하는 일에 잘한다고 하면 더욱 잘하게 되고 칭찬을 통한 행복한 가정을 이루는 시너지 효과는 매우 큽니다.

(4) 특별한 날을 잘 챙기십시오.

때마다 다가오는 생일, 기념일 등을 잊지 않는 것은 그만큼 상대방을 향한 관심이 높다는 것을 증명합니다. 남편을 위해서는 시어머니를, 아내를 위해서는 장모님을 기억할 줄 아는 것이 지혜로운 부부의 행동입니다. 특별한 날을 잘 챙겨주는 부부는 더욱 친밀하고 행복해질 수 있습니다.

(5) 사랑을 적극적으로 표현하십시오.

세월이 갈수록 사랑의 볼트 수는 떨어지므로 지속적인 충전이 필요합니다. 이혼자들에게 이혼한 이유를 설문조사한 결과 1위가 '사랑의 표현을 안 해 주어서'로 나타났습니다. 사랑은 기술입니다. 사랑의 연극배우가 되십시오. 사랑하면서도 침묵하는 것보다 말과 행동으로 사랑을 적극적으로 표현함이 좋습니다.

(6) 함께하는 시간을 늘리십시오.

때론 감정을 혼자 스스로 소화하기에 역부족일 때가 있습니다. 그럴 때 부부는 함께하는 시간이 필요합니다. 기쁨은 나누면 배가 되고 슬픔은 나누면 반이 됩니다. 지나치게 자존심을 내세워 상대방에게 부담을 주는 일은 부부생활의 치명적인 독소입니다. 희로애락을 함께하는 부부가 행복할 수 있습니다.

(7) 거짓말을 하지 마십시오.

신뢰는 건강한 부부관계의 주춧돌입니다. 상대방에 대한 불신이 증폭

되면 결국 가정의 행복은 파괴되고 맙니다. 대화를 통하여, 몸짓을 통하여 상대방을 투명하게 볼 수 있어야 합니다. 지나친 결백증세나 과거를 미화하려고만 하는 것은 오히려 역효과입니다. 서로의 신의를 지키고 거짓말을 삼가고 진실한 대화가 필요합니다.

(8) 충고하되 지혜롭게 하십시오.

"열 번 칭찬한 후 한 번 충고하라"는 말이 있습니다. 상대방이 싫어하는 분위기가 느껴지면 가급적 중지하십시오. 중간에 상대방의 말을 끊거나 반박하려들지 말고 일단 끝까지 들어주는 것이 좋습니다. 동의하지 않을 수는 있어도 존중하지 않는 것은 금물입니다. 충고를 할 경우에는 기분 좋은 때를 택하고 서로 관계가 좋을 때 하는 것이 바람직합니다.

(9) 성생활에 성공하십시오.

성문제는 가장 근본적이면서도 가장 표현하기 어려운 부분입니다. 성경에는 부부간에 '내 몸을 내가 주장하지 못한다'고 기록하고 있습니다(고전 7:4-5). 서로 성에 관해 진지한 대화를 나누고, 전문가와 상담하며, 배우려는 자세가 필요합니다. 다른 관계가 좋아도 성생활에 실패하면 불행해집니다. 성생활에도 성공해야 합니다.

(10) 신앙의 주파수를 맞추십시오.

부부가 함께 예수를 믿고 같은 교회에서 신앙 생활하는 것이 최고의 행복조건입니다. 주 1회라도 가정예배를 드리십시오. 가정예배는 가정을 천국으로 만드는 첩경입니다. 그리고 교회봉사와 가정생활의 조화를 이루는 것이 필요합니다.

3. 부부의 유형별 분류

(1) '깨소금' 부부

- 분포 : 전체의 20%가 여기에 해당합니다.
- 성격 : 사랑으로 하루하루를 달콤하게 살아가는 부부입니다.
- 특징 : 상대방의 아픔을 함께 나누고, 잘못을 눈감아주며, 상대가 무엇을 해달라고 하기 전에 내가 먼저 무엇을 도와줄 것인가를 생각합니다.

(2) '무덤덤' 부부

- 분포 : 전체의 40%가 여기에 해당합니다.
- 성격 : 술에 물 탄 듯 물에 술 탄 듯 살아가는 부부입니다.
- 특징 : 서로에게서 크게 행복감을 느끼지 않습니다. 그렇다고 상대방에게 별 불만도 없이 살아갑니다.

(3) '의무적' 부부

- 분포 : 전체의 25%가 여기에 해당합니다.
- 성격 : 싸우며 후회하고, 후회하며 또 싸우는 부부입니다.
- 특징 : 자녀 때문에, 정 때문에 헤어지지 못 합니다. 상대방의 약점이 보이면 가차 없이 물고 늘어집니다.

(4) '외줄타기' 부부

- 분포 : 전체의 15%가 여기에 해당합니다.
- 성격 : 상대방을 향한 희망도 기대도 없는, 그리고 언제 위기가 닥칠지 모르는 부부입니다.
- 특징 : 서로 좋은 감정으로 바라보는 일이 드물고, 늘 긴장과 살기가

감돕니다. 한 집 안에서 살지만 별거하고 있는 상태나 다름이 없습니다.

III. 부부의 성생활

1. 남자와 여자의 하나됨

창세기 2장에는 하나님께서 남자와 여자를 창조하신 사건이 기록되어 있습니다. 특별히 24절 "이러므로 남자가 부모를 떠나 그 아내와 연합하여 둘이 한 몸을 이룰지로다"라는 말씀 속에는 하나님께서 남자와 여자를 창조하신 뜻이 담겨져 있습니다.

첫째, '연합하여' – 남자와 여자는 함께 힘을 합할 때 하나님의 뜻을 이룰 수 있습니다.

둘째, '한 몸을' – 남자와 여자는 상대의 도움을 얻어 자신을 완성해 가야 합니다.

셋째, '이룰지로다' – 남자와 여자는 세상을 아름답게 만드는 일에 협력해야 합니다.

즉 남녀가 동등한 위치에서 남편과 아내로서의 역할과 사명을 감당하는 것입니다. 남편과 아내는 서로의 생각과 감정과 의지를 존중하며, 순종과 사랑 가운데 하나가 되도록 힘쓰는 존재들입니다. 하나님께서는 남편과 아내가 서로의 행복을 위해 돕는 위치에 서기를 원하십니다.

남자와 여자가 하나되어 화목한 가정을 이루어야 합니다. 화목한 가정은 천국의 모형이요, 그림자인 동시에 행복의 원천입니다.

부부는 한 몸임을 알고 서로 내 몸처럼 아끼고 사랑해야 합니다. 하나님은 "남자와 여자를 창조하시고 둘이 연합하여 한 몸을 이룰지로다"(창 2:2

4)고 하셨습니다.

2. 부부 성생활의 목적과 가치

(1) 생육(창 1:28)

부부의 성생활은 거룩하고 성스러운 것이며 창조적 사명을 지니고 있습니다. 자녀를 낳는 것은 사랑의 결과이면서 동시에 사랑의 목적이 됩니다. 하나님께서 가정을 세우심은 종족을 번성케 하는 데 있습니다.

하나님은 모든 생명의 탄생을 위한 유일한 방법으로 인류에게 성생활을 주셨습니다. 둘이 한 몸을 이루어 또 하나의 생명을 창조하는 것은 하나님이 섭리이신 가장 큰 비밀이요, 신비입니다. 하나님은 가정을 통하여 생육하고 번성할 것을 명하셨습니다.

(2) 즐거움(잠 5:18-19)

남편이 가정의 머리(이성)라면, 아내는 가정의 심장(감성)입니다. 이 둘의 육체가 사랑으로 즐거워할 때 남편은 더 남성다워지며, 여성은 더욱 여성스러워지는 것입니다.

부부는 성생활을 통하여 피차에 즐거움이 되어야 합니다. 남편만 즐겁고 여성은 괴로우면 안 됩니다. 서로가 노력하여 피차 즐거움이 되는 성생활이 필요합니다. 그리할 때 가정은 더욱 화목해지고 따뜻해지며 행복할 수 있습니다.

(3) 사랑(아 4:10-12)

부부가 육체적 즐거움을 얻게 되면 그 결과 배우자를 더욱 사랑하는 마음이 피어오르게 됩니다. 부부의 성은 사랑의 부재를 극복하게 만드는 유용한 도구이기 때문입니다. 가정은 믿음의 터 위에 사랑으로 세워져야 합니다.

(4) 연합(창 2:24)

신앙적인 연합은 사랑에서 기초합니다. 육체의 대화인 성생활은 두 인격 사이에 생겨나는 사랑의 결과이자 표현입니다. 그러므로 영적, 인격적 사랑에 기초한 성생활은 부부사이를 하나로 묶는 동아줄이 됩니다. 바울 사도는 남편이 아내를 사랑하되 제 몸같이 사랑하라고 하였습니다. 이는 부부의 연합을 통한 사랑입니다.

3. 부부의 온전한 연합

(1) 육체적 연합(아 6:3)이 있어야 합니다.

오늘날 대부분의 사람들이 과도한 일상생활의 여파로 부부간의 성적인 교제를 위해 시간이나 에너지를 남겨둘 만한 여유가 없는 실정입니다. 그러나 부부의 육체적 연합을 도외시하고서는 깊은 친밀감을 형성하기 어렵습니다.

사랑의 불꽃을 재충전하는 것은 행복한 부부생활의 청량제입니다. 낭만적 표현이나 애정의 언어를 나누는 것 역시 넓은 의미에서 성생활에 포함됩니다.

(2) 인격적 연합(엡 5:21)이 있어야 합니다.

인격적, 또는 정신적 연합은 부부간에 신뢰와 포용의 관계를 정립하는 것입니다. 이 과정에는 시간과 에너지가 소모됩니다. 한 달에 한 번 정도는 집을 떠나서 한적한 장소를 찾아 둘만의 시간을 가지십시오. 서로의 기쁨과 슬픔을 나누고, 계획을 토론하며, 공동의 관심사를 이야기하십시오. 그럴 때 시나브로 서로가 가까워짐을 느끼게 됩니다.

(3) 영적 연합(행 18:2, 롬 16:3)이 있어야 합니다.

영적 연합의 기초는 하나님과의 개인적 관계 속에서 스스로 성장하는 모습을 보여주는 것입니다. 신앙의 미덕에 대해서 이야기를 나누며 함께 기도하는 습관을 가지십시오. 남편과 아내도 주님 안에서 '용서받은 죄인'입니다. 서로를 하나님께 이끌어 줄 수 있어야 합니다. 함께 손을 잡고 천국을 향해 걸어가는 아름다운 관계를 만드는 것입니다.

부부란 육체적 연합뿐만 아니라 정신적, 영적 연합을 이루는 관계입니다. 각 연합이 균형과 조화를 이루어 성숙한 단계에 이를수록 행복지수는 높아지기 마련입니다. 하나의 영역에서 부조화가 생기거나 균형이 깨질 때 다른 영역 역시 고통을 받게 됩니다.

제 9 장 결혼의 준비와 결혼

　인간의 일생 가운데 결혼의 비중은 매우 큽니다. 그래서 결혼이란 '인류지대사'라고 하였고, 결혼이란 이 사회의 중요한 생활양식이며 삶의 규범입니다. 그러나 결혼에 대한 잘못된 견해들이 이 사회에 팽배하므로 결혼의 신성이 파괴되고 결혼이나 가족제도에 대하여 비판적 견해를 보이고 있습니다.

　아담스는 결혼의 원리를 몇 가지로 집약하였습니다.

　첫째, 결혼은 인간의 편리를 위한 산물이 아닙니다. 결혼은 인간 역사의 한 부분에서 자녀를 위한 책임 때문에 고안해 낸 것이 아닙니다. 그와는 반대로 하나님은 하나님 자신이 태초에 인간의 역사를 시작하면서 결혼제도를 만드셨습니다.

　둘째, 결혼은 기본적인 제도입니다. 결혼이란 인간 사회의 첫 번째 제도로서 사회의 기초 단위입니다.

　셋째, 결혼은 종족을 번식시키기 위해서 고안된 것이 아닙니다. 결혼이란 짝짓기 이상의 어떤 것입니다. 결혼이 하나의 책임으로 짝짓기를 포함하고 있지만, 결혼과 짝짓기를 동일시해서는 안 됩니다.

　넷째, 결혼은 성적 관계와 다릅니다. 결혼은 성적인 연합을 하나의 중요한 의무와 기쁨으로 하는 연합을 의미하지만 성적 연합이 반드시 결혼을 의미하는 것은 아닙니다.

결혼에 대한 여러 가지 잘못된 이해들은 하나님이 제정하는 결혼의 의미를 왜곡시키고 있습니다. 아담스가 말한 원리들을 바탕으로 하여 결혼의 준비와 결혼을 어떻게 해야 할 것인지를 고찰하려고 합니다.

Ⅰ. 만남과 사랑

사람들이 이 땅에서 삶을 영위하는 데는 '만남'이라는 과정을 거칩니다. 이것은 문학이나 영화에서의 만남과 같은 드라마틱하고 아기자기한 만남만이 아닙니다. 삶의 현장에서 체험하는 현실들입니다. 결혼을 하기 위해서는 이러한 만남의 과정이 필수적이며, 만남을 통하여 새로운 세계를 접하게 됩니다.

1. 만남

크리스천들이 결혼을 통하여 하나님이 주신 사명을 감당하는 것은 가장 기본적인 삶의 자세입니다. 성경에서 결혼생활이란 성인에게 정상적인 생활이라고 가르치고 있습니다.

하나님께서는 아담을 독신으로 두지 아니하시고 결혼하시기를 원하셨습니다. "아담이 독처하는 것이 좋지 못하니"라고 말씀하시고, 결혼을 통해서 가정이라는 신적 제도를 만드셨습니다.

'독신의 은사'를 받은 자 외에는 일반적으로 적당한 나이가 되면 짝을 찾아 결혼하는 것이 정상적인 생활입니다. 그러면 결혼을 위한 만남을 어떻게 준비하며 추진할 것인가라는 문제가 제기됩니다. 이 일을 위해서 어떻게 하는 것이 신앙적 방법인지에 대해서 많은 논의가 필요합니다.

일반 사회의 풍조를 따르면 만남의 기회를 쉽게 가질 수도 있겠으나 여기서는 원리적인 문제들을 다루려고 합니다.

아담스는 결혼을 앞둔 사람들이 결혼 상대자를 만나기 위해서 적어도 다음과 같은 세 가지의 개인적인 준비를 해야 한다고 했습니다.

(1) 결혼을 위해서 기도하라.

만남을 위해서 가장 먼저 할 일은 기도입니다. 하나님의 백성은 기도를 통하여 모든 것을 해결할 수 있음을 믿습니다. 기도는 하나님의 뜻을 이루는 첩경이며, 하나님의 역사를 구체화시키는 길입니다.

결혼 상대자를 만나는 것은 기도의 응답입니다. 하나님의 섭리 안에서 모든 것이 되어지도록 기도해야 합니다. 결혼 배우자를 만나는 것에 관해서 기도하지 않는 것은 큰 문제입니다. 하나님의 섭리하심을 믿는 자는 기도해야 합니다.

이러한 기도를 위해서 목회자들이 구체적인 프로그램을 마련하여 가르칠 필요가 있습니다. 주일학교 청년부 모임에서 특별히 이 문제를 놓고 기도하는 것은 개인적 기도를 유도하는 좋은 계기가 될 것입니다.

(2) 결혼을 위해서 자신을 준비하라.

어떤 사람들은 결혼을 위하여 자신을 준비하기 보다는 준비된 상대방이 나타나기를 바라고 있습니다. 하나님께서 결혼의 은사를 주셨으면 이 은사를 계발하고 확산시켜야 합니다.

자기계발을 해야 할 영역은 매우 많으나 중요한 몇 가지를 보면 첫째, 영적 계발을 해야 합니다. 공예배에의 참석은 물론 가정에서의 영성훈련에도 유의하여 기도, 말씀, 찬양으로 하나님의 뜻을 분별하며 헌신하도록 해야 합니다. 영적 계발에 등한시하면 다른 면들이 계발되어도 참다운 가치 수립이 어렵게 됩니다. 둘째, 신체적 건강 단련에 유의해야 합니다. 결혼생활을 영위하기 위해서는 건강해야 합니다. 건강을 위해서 자신을 단련시키고 육체적 매력 계발도 외면해서는 안 됩니다.

(3) 적극적으로 찾으라.

자신이 기도하는 대상을 적극적으로 찾아야 합니다. 모임에서 소개받을 수도 있고, 개인적으로 만날 수도 있으므로 적극적인 자세가 필요합니다.

교회의 프로그램에 참여하면 비슷한 연령층의 사람들을 만날 수 있게 됩니다. 이러한 여건 속에서 자신이 관심을 가지는 대상과 만남의 기회를 가지게 될 수 있습니다.

결혼을 앞둔 사람들은 이외에도 부모로부터 독립하는 것과 성역할을 명료화하는 것 등의 가정교육을 통한 준비와 설교, 결혼전 상담, 결혼과 가정문제 상담, 결혼준비를 위한 성경공부반 등의 교회를 통한 준비도 해야 합니다.

2. 사랑

만남의 단계가 지속되면 사랑의 단계로 발전합니다. 여기서 특별히 주의해야 할 것은 사랑의 의미를 명확히 파악하는 일입니다. 오늘날 사랑이라는 단어가 너무나 남발되고 있기 때문에 진정한 사랑의 의미를 찾는 것이 중요합니다.

(1) 사랑의 의미

현대인들의 사랑은 곧 감정이라고 말합니다. 그러나 성경은 사랑을 "오래 참고, 온유하며, 투기하는 자가 되지 아니하며, 자랑하지 아니하며, 교만하게 행치 아니하며, 자기의 유익을 구치 아니하며, 불의를 기뻐하지 아니하며, 진리와 함께 기뻐하고, 모든 것을 참으며, 모든 것을 바라며, 모든 것을 견디는"것이라고 말합니다(고전 3:4-7).

남녀 간의 사랑이란 어떤 공식이 아닙니다. 사람에 따라 다르고 처한 환경에 따라 다르기 때문에 일률적으로 평가하기는 어렵습니다. 랜디스는 "사랑은 자기의 사람됨이나 자기의 바라는 바가 상대방에 의해서 받아들여지거나 동의, 칭찬, 혹은 존경의 반응으로 주고 받게 될 때에 시작한다."고 하면서, 쌍방의 요구가 채워지기 시작하면서 애정으로 발전된다고 하였습니다.

(2) 사랑의 방향

남녀 간의 사랑도 그리스도의 사랑을 바탕으로 해야 합니다. 서로의 사랑이 절대적인 것이 아니라 그리스도의 절대적 사랑의 빛 아래서 남녀의 사랑도 이루어져야 합니다.

그리스도의 사랑을 바탕으로 한 참사랑은 자신을 내세우지 않고 상대방의 유익을 먼저 생각하는 삶의 자세를 이루어 나갑니다. 그러므로 참 사랑이란 점차 자라는 것이며 안정성이 있습니다. 또 사랑이란 결혼할 때보다 결혼 후에 더 필요한 요소입니다. 사랑이란 오랜 시간을 두고 노력하는 가운데 복합적으로 이루어지는 것입니다. 그러므로 결혼을 위한 사랑이란 배우자 한 사람만이 아니라 그의 가족, 친구, 직업, 가치관, 심지어 습관까지 포함한 것이어야 합니다.

참 사랑이란 신앙적 바탕을 근거로 합니다. 믿음이라는 공통분모를 바탕으로 해서 공통된 가치관을 가지며, 하나님의 영광을 위하는 삶의 자세를 취합니다.

사랑의 방향은 첫째, 그리스도를 향해야 합니다. 하나님을 사랑하는 그 사랑으로 인하여 자신의 존재 의미를 깨달을 수 있게 됩니다. 둘째, 다른 사람 즉 결혼 상대자를 향해야 합니다. 자기중심의 사랑이 아니라 다른 사람을 귀하게 여기는 자세가 있어야 참다운 사랑이 됩니다. 셋째, 자신을 향한 것이어야 합니다. 하나님의 자녀로서 자신을 바로 평가할 때 사랑의 진정한 방향이 정립될 것입니다.

사랑을 성적인 것으로 오해하거나 자기 쾌락적인 것으로 생각해서는 안 됩니다. 전인적이며, 자기희생적인 것으로써 하나님의 사랑에 대한 반응이어야 합니다.

결혼을 위하여 만남과 사랑이 첫 단계가 됩니다. 이 단계를 거쳐야 보다 진정한 결혼의 문제를 거론할 수 있을 것입니다.

II. 데이트와 약혼

크리스천은 삶의 모든 영역에서 성경의 지배를 받고 있습니다. 그러므로 데이트와 약혼도 가정생활교육의 한 부분이기 때문에 성경 말씀의 지배를 받아야 합니다. 성경의 가르침이 우리들의 삶을 전폭적으로 지배해야 하며, 그 원리를 실제 생활의 각 영역에 적용해야 합니다.

1. 데이트

결혼을 위하여 만남과 사랑의 단계를 거쳐 데이트라는 하나의 과정을 거칩니다. 지금은 보편화되었지만 서구에서도 1920년 이전에는 찾아볼 수 없는 풍습이었습니다. 이것은 사회변동과 직결됩니다. 지역적으로 또 사회적으로 변동이 심해져서 누가 누구인지를 잘 알지 못하게 되자 데이트라는 교제유형이 정착하게 되었습니다.

(1) 데이트의 유형

데이트의 유형은 단계가 다르고, 사람에 따라 다르기 때문에 일률적으로 규정하기는 어렵습니다. 약혼 이전의 과정에서 생기는 데이트의 유형을 몇 가지로 나눌 수 있습니다.

첫째, 그룹 데이트입니다. 친숙하지 않은 남녀들이 그룹으로 만나는 것으로서 한국의 젊은이들이 흔히 말하는 미팅과 같은 성격입니다.

둘째, 임의로운 데이트입니다. 특별한 약속 아래서가 아니라 서로 부담을 가지지 아니하고 만나는 것으로 그 상대가 고정적인 것이 아닙니다. 여러 사람들과 사귀므로 자신의 정체성을 확인하게 되고 자신의 개성을 형성하는 계기가 됩니다.

셋째, 고정된 데이트입니다. 이것은 임의로운 데이트에서 마음에 드는 대상을 골라 고정된 상대와 계속 만나는 유형입니다. 한 사람과 계속하여 만나므로 심리적 안정감을 가지고 상대방을 잘 이해하는 계기가 되는 장점이 있으나, 특정인과 계속적인 만남을 통해서 판단의 기준이 제한되고, 너무 상대에 집착하며, 성적관계의 발전 등의 약점이 있을 수 있습니다.

(2) 데이트의 기능

데이트를 통한 이성교제를 어떻게 볼 것인가라는 문제가 제기 됩니다. 객관적 입장에서 데이트의 기능을 다음과 같이 몇 가지로 요약할 수 있습니다.

첫째, 이성에 대한 매력과 레크리에이션의 기능입니다. 남녀 두 사람 사이에 아무런 계약적 의미가 없이 피차 아무런 책임이나 의무를 가지지 않는다는 이해 위에 이루어지는 남녀의 교제입니다. 이성에 대한 매력적인 특성을 찾을 수 있고 함께 레크리에이션을 가지므로 자신을 새롭게 하는 기회가 됩니다.

둘째, 이성과의 사회화를 통한 인격적 성숙을 도모합니다. 남녀 교제를 통하여 사회적으로 세련된 태도를 가지게 되며, 자신의 경험을 통해서 사회적 행동을 배우게 됩니다. 또 이성에 대한 신비감이나 지나친 흥분을 제거하여 주며 자신의 퍼스낼리티(personality)를 시험하는 기회가 됩니다.

셋째, 신분 유지와 과시의 기능입니다. 데이트를 통하여 자신의 신분을 유지하려는 노력을 하고, 이것을 밖으로 표현하여 과시하려고도 합니다. 이것은 자기 정체성의 확인 과정인 동시에 다른 사람과의 관계 형성을 통해서 자신을 나타내 보이는 기회입니다.

넷째, 사회적 적응 능력의 획득입니다. 데이트를 통해서 자신의 감정을 개발시키고 대인관계의 요령이나 방법, 기술 등을 터득하게 됩니다. 이런 관계를 통해서 사회적 적응능력을 기르게 됩니다.

다섯째, 결혼 배우자의 선택입니다. 이런 과정을 통하여 자신의 결혼상대자를 선택하고 가정을 이루는 방향으로 나아갑니다.

(3) 데이트에 대한 평가

데이트는 장점이 있는 동시에 문제점도 있습니다. 최신덕은 이것을 다음과 같이 지적하였습니다.

〈장점〉

① 이성간의 사회화 작업을 해 줌으로써 보다 잘 적응할 수 있게 합니다.

② 젊은이들에게 좋은 배우자를 잘 선택할 수 있도록 하여 혼인을 준비케 합니다.

③ 자신의 인격성장을 도모합니다.

④ 사회적 적응과 성숙을 도모합니다.

〈문제점〉

① 결혼 전 성행위의 통제가 어렵다는 문제입니다.

② 데이트가 결혼을 위한 것이지만 피상적인 인간관계가 되기 쉽습니다.

③ 경쟁적 요소가 따르기 때문에 개인에 따라 불안정감이나 열등감을 줄 수 있습니다.

④ 잘못하면 쾌락을 추구하는 것이 될 수 있습니다.

이러한 문제들을 바로 이해하고, 여기에 대응하는 지혜로운 자세를 취해야 합니다. 장점만을 볼 것이 아니라 문제점도 보아서 보완해 나가는 지혜가 있어야 합니다.

2. 약혼

성경에는 결혼에 대하여 구체적 원리를 제공하고 있는데, 창세기 24장의 이삭의 결혼 기사에서 자녀들은 부모의 뜻을 따라서 결혼해야 할 것을 강조합니다. 크리스천은 남편 혹은 아내를 구해야 하며, 그 과정을 우연에 맡겨서는 안 됩니다(창 24장, 고전 7장 참조). 크리스천들은 또한 결혼을 할 때 하나님의 뜻을 따르며 부모의 의견을 존중해야 합니다.

성경은 배우자 선정에 있어서 주로 영적 자격을 염두에 두고 있습니다. 크리스천은 믿는 자끼리 결혼해야 합니다(고전 7:39, 고후 6:14). 결혼 전에는 낭만적 사랑이 가능하지만 결혼 후에는 그렇지 않습니다.

연애 단계가 지속되다가 약혼 단계에 이릅니다. 이 시기는 매우 중요하지만 경우에 따라서는 없을 수도 있습니다.

(1) 약혼의 목표

약혼이란 두 사람이 빠른 시일 안에 결혼할 것임을 공포하는 데 의의가 있습니다. 그러므로 약혼에는 몇 가지 목표가 있습니다.

첫째, 친숙해집니다. 서로를 이해하고 친숙해지는 기간입니다. 그러나 얼마만큼 친숙해야 되는지에 대해서는 논란의 여지가 많습니다. 약혼 파혼율이 미국의 경우에는 50%가 된다는 사실을 감안할 때 세심한 주의가 필요합니다.

둘째, 배움의 기회입니다. 결혼에 대하여 배우는 단계로써, 독서, 상담 등을 통해서 결혼할 남녀가 가져야 할 태도와 자세를 배웁니다.

셋째, 대화의 기간입니다. 약혼자들끼리 더 많은 대화의 시간을 갖게 되며, 서로를 이해하고 포용하려는 노력을 하게 됩니다. 결혼 후보다 약혼기간이 더 많은 대화의 기간이 될 수 있습니다.

넷째, 의사결정의 기회입니다. 약혼을 통하여 자신들의 위치가 공인받게 되고 서로를 이해하게 됩니다. 자신들의 앞날에 대하여 의사결정의 시간들을 가질 수 있습니다.

(2) 약혼의 특성

약혼이란 결혼이 아닙니다. 그러므로 약혼기간이 얼마나 되는 것이 적당한가에 대해서는 경우에 따라 다르지만 미국의 가정생활연구소에서는 두 사람이 2년 정도 사귀고 적어도 서너 달 이상의 약혼기간을 가진 후에 결혼하는 것이 가장 좋다고 하였습니다.

약혼 기간 중에 당사자들 사이에 문제가 제기될 수 있는데 주로 부모를 포함한 가족들의 문제, 관례적 사항들, 인생관, 신앙문제, 경제문제가 갈등을 조장시키는 요인이 될 수 있습니다.

이 기간 중에 심각하게 등장하는 것은 약혼자들끼리의 성적관계입니다. 이것 때문에 심각한 문제가 제기될 수 있고, 결혼의 신성이 파괴되는 경우도 있습니다.

(3) 약혼에 대한 성경적 원리

성경은 약혼에 대하여 결혼의 첫 번째 단계로 구속력이 있는 것으로 보았습니다. 약혼 안에서 결혼의 언약이 맺어졌고 약혼은 죽음이나 파혼에 의해서만 깨어질 수 있었습니다(신 22:23, 마 1:16-24).

약혼한 사람이 다른 사람과 부정한 성적관계를 가졌으면 벌금을 무는 것이 아니라 결혼 후에 간음한 사람처럼 죽임을 당했습니다(신 22:23). 그러므로 약혼 중의 부정한 성적관계를 간음과 동일하게 보는 것이 성경적 입장입니다.

약혼한 사람들을 남편과 아내라고 한 신명기 22장 23절의 표현은 성경 다른 곳에서도 지속적으로 나타납니다. 이것은 약혼의 귀중성을 강조하며 평생 동안 사랑의 동반자가 된다는 언약적 약속의 특성을 보입니다. 그러므로 약혼에 대한 성경적 원리는 <동반자 관계의 언약>이라고 규정할 수 있

습니다. 이 관계는 서약을 통하여 이루어지며(성적 연합이 아닙니다), 하나
님의 뜻을 따라 살아갈 것을 언약하는 것입니다.

Ⅲ. 결혼

결혼이란 무엇이냐에 대한 논의들이 많은 가운데 우리는 '동반자 관계의
언약'이라고 규정합니다. 동반자 관계는 결혼의 본질입니다. 그러므로 결혼
이 추구해야 할 목표가 무엇이며, 그 기초가 어떠해야 하는지 고찰하려고
합니다.

1. 결혼의 목표

결혼의 목표에 대한 많은 논의들 가운데 성경의 가르침은 가장 귀한 원
리를 제시합니다. "부모를 떠나 그 아내와 연합하여 한 몸을 이룰지니라."
(창 2:24)고 하신 말씀에서 떠남 - 연합 - 한 몸이라는 공식을 찾을 수 있
습니다.

결혼의 목표를 '연합'에 집약시킬 수 있습니다. 연합이란 말의 히브리어
뜻은 '아교풀로 붙인다'는 것으로 총체적 연합을 의미합니다. 그러면 결혼
을 통하여 연합해야 할 내용이란 어떤 것입니까?

(1) 영적 연합이 있어야 합니다.

결혼에 있어서 강조되어야 하는 것은 영적 연합입니다. 이것은 인격적
필요들이나 신체적 필요보다 더 중요하고 시급한 것으로 연합의 기초입니
다.

영적 연합은 부부가 서로의 필요를 채워주는 통로가 됩니다. 이것은 하나
님의 자녀로서의 안정감과 중요성을 인식하는 데서 출발하며 하나님의 뜻

을 나타내는 것과 관련이 있습니다.

영적 연합이란 말로서 되어지는 것이 아니라 하나님의 사랑을 바로 체험할 때 가능합니다. 이것은 하나님의 사랑의 역사를 통해서 배우자를 사랑하는 것으로 나타납니다. 크렙은 이 일을 위해서 세 가지 단계를 권하고 있습니다.

첫째, 당신의 모든 감정들을 하나님 앞에 그대로 인정하라. 우리의 감정을 숨기고 덮어놓기보다 있는 그대로 하나님 앞에 인정하는 것이 중요합니다. 상처를 받았으면 있는 그대로의 모습대로 하나님께 나아가야 합니다.

둘째, 당신이 그리스도 안에서 안전하고 중요하다는 진리를 주장하라. 즉 자신이 그리스도 안에서 온전한 사랑을 받고 있는 가치 있는 사람이라는 사실을 인정하고 이것을 귀하게 여기십시오.

셋째, 배우자의 필요를 채우기 위해서 당신 자신을 내어주라. 많은 사람들은 배우자가 자신을 위해서 귀하고 좋은 것을 해주기를 바라고 있습니다. 그러나 이제 방향을 바꾸어 배우자의 필요를 위해서 자신을 내어주는 노력을 해야 합니다. 연합을 위해서 배우자가 바뀌기를 바라기보다는 차라리 자신이 바뀌는 것이 쉬울 것입니다.

(2) 정신적 연합이 되어야 합니다.

영적 연합이란 그리스도를 통하여 하나 되며 그리스도께서 우리의 필요를 채워주신다는 원리에 근거합니다. 정신적 연합이란 남편과 아내의 서로의 관계에 초점이 있습니다. 영적 연합은 정신적 연합으로 연결되는데 이 연합은 상대방의 인격적 필요들을 독특하고 힘 있게, 의미 있는 방식으로 심도 있게 돌보아 주기 위하여 자신이 기꺼이 하나님의 도구가 되겠다고 하는 피차간의 이성적이고도 거리낌이 없는 관계로부터 나옵니다.

정신적 연합은 섬김의 원리에 의하여 이루어집니다. 이것은 배우자의 깊은 필요들을 채워주고자 하는 목표 아래서 가능합니다. 결혼생활에서 상대방을 섬기는 것은 하나님의 뜻을 이루는 길이며, 하나님의 백성들의 영적 축복입니다.

정신적 연합을 파괴하는 장애요소들이 많이 있는데 이것을 극복하기 위해서 노력해야 합니다. 크렙은 세 가지 요소를 제안하였습니다.

첫째, 섬기겠다는 결단입니다. 섬김에 대한 헌신은 저절로 생기는 것이 아니라 영적생활과 함께 신앙적 결단이 요청됩니다. 이것은 의지적 선택이며, 자신의 죄를 고백하고 회개하며, 이제부터는 섬김의 길을 가리라는 하나님의 말씀에 순종하겠다는 결단이 필요합니다.

둘째, 배우자의 필요에 대한 분명한 인식이 필요합니다. 자신의 필요를 목표로 하는 것이 아니라 배우자의 필요에 초점을 맞추어 섬김의 원리를 실천해야 합니다. 배우자가 나의 섬김을 필요로 하고 있다는 사실을 인식하기까지는 배우자를 섬긴다는 말은 의미가 없습니다. 삶을 통하여 배우자의 필요를 바로 알고 이것을 채우도록 노력해야 합니다.

셋째, 하나님께서 배우자를 섬길 수 있도록 나를 선택하셨다는 확신이 필요합니다. 하나님은 나를 통하여 배우자를 섬기도록 하시며, 나를 섬김의 도구로 활용하심을 인식해야 합니다.

정신적 연합에 있어서 중요한 것은 부부 커뮤니케이션입니다. 부부사이에 바른 커뮤니케이션이 이루어지면 서로의 필요를 이해하게 되고 자신의 감정을 효율적으로 나타내게 됩니다.

부부 커뮤니케이션에 있어서 감정표현이란 매우 중요합니다. 이런 표현법은 훈련을 통하여 구체화되어야 하는데 방어나 변명 또는 공격보다 수용적인 자세를 가지는 것이 중요합니다.

이러한 정신적 연합을 삶의 현장에서 구체화하는 노력이 있어야 하며, 섬김을 통해서 실천해야 합니다. 이 일을 위해서 하나님은 우리에게 배우자를 주셨습니다.

(3) 육체의 연합이 있어야 합니다.

성경이 가르치는 결혼의 원리는 부부가 '한 몸'을 이루는 것입니다. 결혼생활에 있어서 중요한 두 가지 요소가 있다면 대화를 통한 커뮤니케이션과 성 문제일 것입니다.

육체적 연합이란 흥미를 좇는 성관계가 아니라 인격적 만남입니다. 그러므로 육체적 연합이란 무엇인지에 대해서 크렙은 다음과 같이 요약하였습니다.

① 주님으로부터 자신들의 필요를 충족하고 상대방의 필요들을 채워주기 위해서 자신을 하나님의 도구로 드린 부부가 나누는 성적 쾌락입니다.

② 배우자에게 육체적인 영역에서 최대한 성적 쾌락을 주겠다고 하는 섬김에의 헌신으로부터 나오는 성적 쾌락입니다.

③ 감정적 흥분과 성적 만족의 경험을 서로에게 충분히 나누어주는 성적 쾌락입니다.

④ 부부 각자에게 그들의 끊을 수 없는 끈에 대한 인식을 더욱 강화시켜주는 성적 쾌락입니다.

결혼생활에 있어서 육체적 연합을 방해하는 장애물들이 많이 있습니다. 이것을 극복하는 지혜가 필요한데 서로가 섬김의 자세로 사랑하며 나아갈 때 장애들이 극복될 것입니다. 이것은 혼자만의 노력으로 되는 것이 아니라 하나님의 은혜 가운데서 서로가 섬김의 자세를 통하여 가능해집니다.

2. 결혼의 기초

결혼의 목표가 연합이라면, 이 연합을 이루기 위해 어떻게 해야 할 것인가라는 문제가 제기됩니다. 크렙은 건축과 연결하여 기초공사에 대한 설명을 하고 있습니다. 그는 이것을 다음과 같이 도표화하였습니다. 그의 이론을 따라 결혼의 기초에 대해서 살펴보려고 합니다.

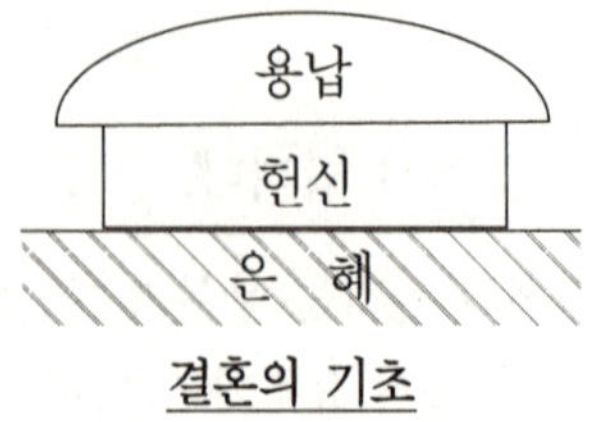

결혼의 기초

(1) 은혜

결혼의 첫 번째 기초는 은혜입니다. 하나님의 임재를 체험함으로 하나님만이 우리를 새롭게 하며, 하나님만이 우리를 치료하시며, 하나님만이 우리를 성숙시킬 것이라는 하나님 중심의 원리입니다.

은혜란 하나님이 값없이 주시는 선물이며, 우리의 어떤 조건에서가 아니라 하나님의 절대적 주권으로 이루어지는 것입니다. 은혜를 통해서 새로워지고, 성숙해지며 서로를 사랑하는 자리에 이르게 됩니다.

결혼이란 하나님이 제정하신 신적 제도이기 때문에 이 모든 것이 하나님의 은혜 가운데 이루어집니다. 이 원리를 명확히 하고, 하나님의 뜻을 분별하는 것은 중요한 일입니다.

(2) 헌신

은혜 위에 우리가 이루어야 할 것은 헌신입니다. 헌신은 섬김의 자세와 직결되는 것으로 주님의 선하심과 인자하심을 믿는 믿음의 역사입니다.

크렙은 헌신의 세 가지 요소를 제시하였는데,

첫째, 참된 헌신의 기초는 하나님의 선하십니다. 우리들의 행동의 기초도 하나님의 진리의 말씀이어야 하는데 많은 사람들은 변덕스러운 감정을 기초로 하는 경우가 많습니다.

하나님의 선하심을 기초로 하기 때문에 자신의 어떤 것을 내어놓는 것이 아니라 하나님의 은혜에 감사하고 감격하는 자세로 나아가게 됩니다.

둘째, 깊은 열망으로 헌신합니다. 헌신이란 강제나 의무가 아니라 가슴에서 솟아나는 뜨거운 열망입니다. 하나님의 자녀로 부르심을 받았다는 소명의식에 대한 응답이 헌신입니다. 이것은 결혼생활에서도 중요한 주제입니다. 하나님의 부르심에 대한 응답으로써 뜨거운 열망으로 이루어지는 헌신입니다.

셋째, 잘못은 자신이 하나님의 신실하심을 신뢰하지 못하는 데에 있습니

다. 결혼생활에서 일어나는 잘못의 원인을 배우자에게서 찾는 경우가 많습
니다. 그러나 우리가 유의해야 할 것은 모든 잘못의 원인이 자신에게도 있
다는 점입니다.

(3) 용납

결혼의 기초의 세 번째 단계는 용납입니다. 이것은 배우자의 모든 것
즉 장점과 약점을 아울러 받아들이고 잘못된 것은 용서하는 것을 의미합니
다.

용서란 하나님의 은혜의 산물입니다. 성경은 우리에게 용서하고 용납하
라고 권하고 명령하십니다. 용납을 위해서 크렙은 다음과 같은 요점을 제시
했습니다.

첫째, 용납은 감정을 초월합니다. 자신의 감정이나 의견이 아니라 하나님
의 명령에 순종하는 것입니다.

둘째, 용납은 용서입니다. 하나님의 은혜 가운데 용서를 하게 됩니다. 배
우자의 잘못에 대하여 하나님의 용서를 본받아 용서하는 것이 중요합니다.

용서란 감정이 아니고 승인입니다. 용서는 하나님께서 크리스천들에게
주신 의미입니다. 또 용서는 명령입니다. 비록 자신의 감정이 허락하지 않
지만 하나님의 명령이므로 용서하고 용납해야 합니다.

결 론

결혼이란 하나님이 주신 축복이며, 인간이 가질 수 있는 최대의 은사 가
운데 하나입니다. 결혼이 신적 명령에 의하여 이루어졌으므로, 결혼을 사회
적 제도의 하나로 보는 자세를 버려야 합니다.

결혼의 준비와 결혼은 기독교 가정사역에 있어서 하나의 중요한 요소입
니다. 문제는 하나님의 영광을 위한 것이어야 하고, 하나님을 위한 것이어
야 합니다.

오늘의 우리들은 시대 양상의 흐름에 동조하면서 하나님의 뜻보다 '세상적' 경향을 따르기 쉽습니다. 마치 노아시대처럼 '시집가고 장가가는' 일에 몰두하기 쉬운 상황입니다.

하나님의 사랑에 의한 참다운 결혼준비가 이루어지도록 노력하며, 하나님의 역사를 체험하는 자세가 있어야 합니다.

본 연구에서는 실제적 준비과정보다 원리적인 문제를 제시하려고 하였습니다. 바른 원리가 정립되어야 바른 실천방안이 나오기 때문입니다.

제 10 장 성과 결혼

Ⅰ. 성에 대한 바른 이해

우리는 흔히 '성이란 본래 그 자체로는 선한 것이며, 단지 통제를 필요로 하는 것'이라고 말합니다. 이 표현은 성이란 크리스천에게 있어서 위협적 존재라는 생각을 하도록 하는 것입니다. 이러한 개념들이 일반화된 현실에서 성에 대한 성경적 원리를 규명하는 것은 매우 중요한 일입니다.

구약의 창조 기사를 보면 "여호와 하나님의 흙으로 사람을 지으시고 생기를 그 코에 불어넣으시니 사람이 생령이 된지라"(창 2:7)고 하였습니다. 인간은 하나님의 창조로 말미암아 '살아있는 몸'이 되었습니다. 영이 불어넣어진 육체가 되었는데 이것은 하나님으로부터 왔으며 또 흙으로 돌아갑니다.

하나님은 인간을 창조하실 때 남자와 여자를 창조하셨습니다. 하나님의 피조물인 인간은 상호관계 속에서만 그들 자신을 압니다. 이들은 '한 몸'이 되며, 하나님의 창조물인 성을 활용하였습니다. '하나님의 형상'대로 지음 받은 인간은 성(性)도 하나님께로부터 지으심을 받았습니다.

성이란 밀접하게 사귀고자 하는 인간의 충동입니다. 인간의 성욕구는 단순한 선(腺)의 충동을 넘어서 항상 타인을 향하는 것입니다. 인간은 타인을 경험하기를 원하고, 신뢰하고 신뢰받기를 원하며, 육체를 생기 넘치게 껴안는 성적 행동을 원합니다. 그러므로 성이란 인간의 육체적 삶 안에 있는 하나님의 표징이요, 인(seal)입니다.

II. 성생활의 의미

성생활의 의미는 다음과 같습니다.

첫째, 결혼한 부부간의 성생활은 거룩하고 선한 것입니다. 하나님은 부부간의 성생활을 격려하시고 그것을 중단하는 것을 경고하십니다.

둘째, 부부간의 성생활의 즐거움은 죄악된 것이 아니며 부부는 서로에게 속한 것이기 때문에 서로를 기쁘게 해줄 책임이 있습니다(아가서와 잠언 5: 18, 19 참조).

셋째, 성적인 쾌락은 성욕이 자기 지향적인 것이 아니라 상대방 지향적이라는 원리에 의해서 규정됩니다(결혼 안에서 주어진 성적 쾌락의 "권리"는 배우자를 위해서 부여된 것입니다). 모든 동성연애와 자위행위는 이러한 근본적인 원리에 부합되지 않습니다. 다른 곳에서처럼 여기에서 나타나는 개념은 "주는 것이 받는 것보다 복이 있다"는 사실입니다.

넷째, 성생활은 규칙적이고 계속적이어야 합니다. 일주일에 몇 번씩 성관계를 가져야 한다고 정확한 횟수를 충고하는 것은 아니지만 그 원리는 부부 쌍방이 성적인 욕망이 "불타서" 다른 곳에서 만족을 찾으려는 시험을 받지 않도록 적절한 성적인 만족을 제공해야만 합니다.

다섯째, 만족의 원리는 쌍방 중에서 각자가 배우자가 요구하는 대로 성적인 즐거움을 제공해야만 된다는 것을 의미합니다. 그러나 물론 여기에는 또한 다른 성경적 원리들(절제, 자기 자신 보다는 배우자를 기쁘게 해주려고 노력하는 것 등)이 적용됩니다. 배우자를 위해서 고려하는 것은 곧 자신의 성적 욕망을 절제해야 한다는 것을 의미합니다. 그러나 이것이 배우자의 순수한 필요를 충족시켜 주지 못하는 변명이 되어서는 안 됩니다. 바꾸어 말하면 성적 만족을 위한 요청이 맹목적인 욕정의 노예가 되어서는 안 된다는 것입니다.

여섯째, 부부의 성생활에서는 부부 사이에 성적인 협상을 해서는 안 됩니다("나는 당신이 … 하지 않으면 성적인 관계를 하지 않겠다"는 경우 등). 부부 중 어느 쪽도 그러한 협상을 할 권리는 없습니다.

일곱째, 부부의 성관계는 동등하며 서로 사랑하는 상부상조적인 것입니다. 바울 사도는 남자가 여자보다 우월한 권리를 가지고 있다고 말하지 않습니다. 그러므로 성적인 관계를 가질 때 부부가 상호자극을 하고 상호주도를 하는 것이 합법적이라는 사실은 분명합니다. 참으로 부부의 성생활에서 상호권리의 교리는 또한 상호책임의 의무를 내포하고 있습니다. 이것은 성행위에서 상호간의 능동적 참여를 의미합니다.

그러므로 성이란 자연발생적인 것이 아니라 하나님이 주신 것이며 배우자 지향적인 원리에 따라서 사용되어야 합니다.

III. 성과 결혼

하나님께서는 하나님이 창조하신 것들을 보고 '좋다'고 하셨고, 남자와 여자를 창조하신 후에 '심히 좋다'(창 1:31)고 하였습니다. 이것은 하나님의 창조사역이 하나님의 뜻대로 이루어졌고, 다른 부분과의 관계도 정상적이라는 표현입니다. 하나님께서 '심히 좋다'고 하신 선언 속에는 남자와 여자의 성관계도 포함되어 있습니다.

성경은 성의 완전한 표현 중에서 창조주에 의해서 승인된 것은 남편과 아내가 '한 몸'이 되는 것뿐이라는 사실을 제시합니다. 남편과 아내는 하나로 창조되었습니다. 비록 외형은 다를지라도 배우자로부터 분리될 수 없는 존재이기 때문에 서로를 통하여 자신을 찾게 됩니다. '한 몸'이라는 것은 남편과 아내의 성적 결합을 통하여 이루어집니다. '한 몸'사상은 창세기 2장 24절에 암시되어 있고, 예수님께서도 이혼의 문제를 언급하실 때(마 19:5, 막 10:7-8)에 이 구절을 인용하셨습니다. 바울도 육체의 올바른 사용에 대하여(고전 6:16), 남편과 아내의 관계에 대하여(엡 5:31) 논의할 때 이 구절을 언급하였습니다.

성이란 결혼의 중요한 요소입니다. 그러나 성은 결혼의 전부가 아닙니다. 비록 결혼이 인간의 총체적 성욕구에 그 뿌리를 두고 있으며, 성적 인간으로서의 자신을 표현할 수 있는 가장 중요한 방법이기는 하지만 결혼이 성을 표현하는 유일한 방법은 아닙니다. 왜냐하면 결혼하지 않는 사람도 성적 존재이고 성을 표현하는 경우들이 있기 때문입니다.

성에 대한 합법적이고 완전한 표현은 결혼을 통하여 이루어져야 합니다. 대부분의 사람들은 성의 부름에 대한 응답으로써 결혼을 합니다. 결혼은 타인과의 영속성 있는 밀접한 삶에 자신을 맡기고자 하는 욕구입니다. 결혼을 통하여 성이 표현되는 것이 가장 정상적이고 올바른 방법입니다.

제 11 장 독신자를 위한 사역

오늘날 우리들이 사역해야 할 대상 가운데는 '독신자'들이 있습니다. 이들은 연령이나 삶의 형태, 사회적 조건들이 다르지만 '혼자 산다'는 공통점을 가지고 있습니다. 독신장년그룹은 미혼자, 이혼자, 사별자라는 세 그룹으로 구성되어 있으나 그들의 특성이 독특하기 때문에 일방적으로 규정하기 어렵습니다.

본 연구의 난점은 이들에 대한 전문적 연구가 드물고 일반화된 이론이 거의 없다는 점입니다. 그러나 이들은 교회가 외면할 수 없는 그룹들이며, 또 그리스도의 사랑의 실천을 가장 필요로 하는 계층입니다.

다양한 그룹인 독신 장년들을 위한 교회의 사역이 어떠해야 하는지를 규명하기 위해서 시대적 특성을 분석하고, 이러한 분석결과를 바탕으로 하여 교육사역의 방안을 강구해야 할 것입니다.

Ⅰ. 독신자에 대한 이해

하나님의 창조원리는 남자와 여자가 가정을 이루어 함께 살아가는 것입니다. 가장 자연스러운 이러한 원리에서 떠나서 혼자 산다는 것은 일반적인 관점에서 '이상한 눈초리'의 대상이 됩니다.

우리는 하나님의 창조 질서라는 차원에서 가정을 이해하고 가정을 통하여 역사하시는 하나님의 손길을 체험합니다. 그러나 여러 가지 이유들 때문에 독신으로 살아가는 사람들에게는 그들 나름의 고통이 있고, 이것을 바로 이해하며 치유하는 역사가 필요합니다.

시대적 변화와 독신자 문제

오늘의 시대적 변화는 가정에서 강하게 일어나고 있습니다. 가정문제는 하나의 위기로 받아들여지고 있는데 이미 60여년 전인 1937년에 와이맨은 다음과 같이 경고하였습니다. "가정은 지금 길고도 위험함 위기를 겪고 있습니다. 그것이 언제 시작되었는지 아무도 알지 못했고, 그것이 얼마나 오래 갈지 아무도 예측할 수 없으며, 그 결과가 어떨지 아무도 모르고 있습니다."

오늘에 와서 와이맨의 경고는 하나의 고전적 기록이 되었습니다. 가정은 불안정의 자리에 빠지고, 이혼율의 급증으로 인한 가정의 붕괴가 보편화되었습니다. 이혼과 함께 성적 혁명은 가정을 흔드는 하나의 바람이 되었습니다. 성의 혁명은 서구사회에서는 1950년대부터 일기 시작하였고, 전통문화권에 속한 한국에서도 1980년대부터 확산되기 시작하였습니다.

성의 혁명은 세속주의의 한 여파로서 가치관의 중요한 부분들을 차지하게 되었고, 이것이 교회에도 강한 부담을 주기 시작하였습니다.

현대 사조와 교회의 이상 사이에는 상당한 불일치가 있고, 그것이 실제로 가정에서의 남성과 여성의 역할 문제로 나타나고 있습니다. 전통적 가정에서 남성은 밖에서 일을 하여 생활비를 벌고, 여성은 가사를 돌보았습니다. 그러나 이러한 전통적 역할에 흔들림이 오게 되었습니다.

산업의 발달과 민주주의의 확산은 가정에서 남편과 아내의 역할에 심각한 도전을 해왔습니다. 여성의 고용 증대는 남성이 가지고 있었던 경제권에 대해서 여성들의 역할을 강하게 하였고, 이것이 여성 해방 운동과 연결되어 더욱 구체화 되었습니다.

여성의 경제적 능력 증대는 가족제도에도 영향을 미쳐서 독신으로 살아가는 여성들이 늘어나는데, 그것도 전문직 여성들에게서 나타나는 현상입니다.

이혼이나 미혼의 독신자만이 아니라 배우자의 사망으로 인하여 사별한 독신자들이 늘어납니다. 한국의 40대 남성의 사망률이 매우 높은 것은 그만큼 사별로 인한 독신자의 수가 늘어난다는 것을 의미합니다.

한국의 가족 변동에 관한 통계자료를 찾아봅시다. 1992년 한 해 동안에 41만 8천 쌍의 부부가 혼인에 의해서 새롭게 탄생되었습니다. 이것은 1972년의 24만 8천 쌍에 비하면 17만 쌍(68.6%)이 증가한 셈입니다.

II. 독신자에 대한 성경의 교훈

독신자들의 숫자가 급속도로 증가되고 있는 오늘의 시대에서 교회들이 이들에게 관심을 기울이지 못한 것은 그들을 향한 사역이 어렵기 때문이며, 또한 문화 속에 깊숙이 침투된 사회적 통념 때문입니다.

우리 사회에서는 잘못된 통념이 있는데 예를 들면 "결혼만이 의미 있는 유일한 생활방식이고, 독신은 결혼 전이나 결혼과 재혼 사이에서만 정당화될 수 있는 과도기적 상태입니다. 또는 성생활은 음식이나 운동 등과 같이 정상적인 생활을 하는 데 필요불가결한 것입니다. 외모가 아름답지 못하거나 너무 똑똑한 사람 또는 장애자들은 독신으로 살아야 한다"는 등의 통념입니다.

이러한 사회적 통념 속에서 성경이 독신자들에 대하여 어떻게 교훈하고 있는지를 살펴보는 것은 매우 의미 있는 일입니다. 성경은 독신자들 특히 미혼자들에 대하여 직설적이기 보다는 암시적으로 가르치고 있습니다. 예수님과 바울의 교훈에서 약간 언급될 정도이고 구체적인 논의는 거의 없습니다.

성경을 살펴보면 독신이거나 거의 확실히 독신으로 추측되는 인물들이 많이 나옵니다. 여기서는 중요한 사례들을 중심으로 성경의 교훈을 탐색하려고 합니다.

(1) 미혼자

예수님은 이혼에 관한 바리새인들과의 대화 속에서, 그리고 그 일이 있은 후 제자들에게 독신자 특히 미혼자들에 대한 문제에 매우 중요한 원리를 교훈하셨습니다. 이혼에 관한 예수님의 말씀 때문에 제자들은 "만일 사람이 아내에게 이같이 할찐대 장가들지 않는 것이 좋삽나이다"(마 19:10)라고 하자 예수님은 "모든 사람마다 이 말을 받지 못하고 오직 타고난 자라야 할찌니라"(마 19:11)고 하셨습니다.

이 말씀은 성적으로 괴로움을 받지 않고 독신생활을 한다는 것, 또는 인간적인 동반자가 없다는 것을 전혀 느끼지 않고 독신생활을 한다는 것은 어떤 특별한 은사가 아니면 그렇게 할 수 있는 "특별한 능력"을 부여받지 않고는 불가능하다는 것입니다.

그 후에 예수님께서는 성적 욕구를 표현하기 위한 정상적 출구로서의 결혼을 하지 않고서 사는 세 가지 경우의 고자에 대하여 이야기하고자 하셨습니다. 예수님은 날 때부터 고자가 되었거나 혹은 완전히 정상적인 성관계의 능력이 없이 태어난 고자가 있고, 또 사람이 만든 고자, 마지막으로 '천국을 위하여 스스로 된 고자'가 있다고 하셨습니다(마 19:12).

이 마지막 부류는 '영적 고자'라고 하는데 '하나님의 나라 일을 더 잘 하기 위해서 자신의 생식 능력의 사용을 자원하여 포기한 사람'입니다.

'천국을 위하여'라는 말은 크리스천 독신생활을 하는데 있어서 하나님이 인정하시는 동기를 의미하고 있습니다. 크리스천은 금욕주의적 이유 때문에, 혹은 결혼생활의 책임을 모면하기 위해서, 혹은 독신생활이 결혼생활보다 더 낫다는 생각 때문에 독신생활을 선택해서는 안 됩니다.

미혼자들은 독신생활이 하나님께서 그들의 생애에 대해서 가지고 계신 뜻이요 의도라는 확신이 있어야 합니다. 이러한 확신이 없이 독신생활을 한다면 그 생활은 실패로 끝날 것입니다.

예수께서는 제자들에게 "이 말을 받을만한 자는 받을지어다"(12절)라고 결론지었습니다. 그러므로 독신생활 또는 영적 고자가 되어야 할 자는 그러한 삶을 살아갈 수 있는 하나님의 특별한 은사를 가지고 있어야 한다는 것입니다.

바울은 고린도전서 7장에서 초대교회에서의 독신이 어떻게 받아들여지고 있었는지를 보여줍니다. 바울은 "남자가 여자를 가까이 아니함이 좋으나"(고전 7:1)라고 시작하였습니다. 그러나 바울은 고린도에 존재하고 있는 비기독교적 생활 식에 대해서 의식하고 있었습니다. 그렇기 때문에 "음행의 연고로 남자마다 자기 아내를 두고 여자마다 자기 남편을 두라"(2절)고 하였습니다.

고린도전서 7장의 내용들은 특정적으로 고린도인에게 적용되는 것이었습니다. 바울은 그들이 독신의 삶을 진지하게 고려해 보아야 한다고 생각한 듯합니다. 그는 "명령이 아닌 부탁으로" 남편과 아내의 성관계에 대해 몇 가지 지시를 하였습니다(16절).

7절에서 바울은 "모든 사람이 나와 같기를 원하노라"고 말하면서 "각각 하나님께 받은 자기의 은사가 있다"고 하였습니다. 어떤 이들은 독신생활의 은사를, 어떤 이들은 가정생활의 은사를 받았다는 것입니다.

8절에서 바울은 다시 독신문제를 논하고 있습니다. "혼인하지 아니한 자들과 과부들에게"라는 말을 사용하였습니다. "혼인하지 아니한 자들"이란 한 번도 결혼하지 않은 사람을 가리킵니다.

결혼과 독신생활에 관한 바울의 일반적인 입장은 고린도전서 7:27~28과 7:38에 분명히 나타납니다. 바울이 원했던 것은 "주님께 대한 분산되지 않는 헌신"이었습니다(32-35절).

바울의 말의 근본적 취지는 결혼한 자들과 미혼자들 각자가 그들의 관계에 있어서 진실함과 건전함을 추구하는 것, 그리고 가장 중요한 것은 "주님께 대한 분산되지 않은 헌신"입니다.

(2) 이혼자

구약의 율법에서는 어느 특정한 조건에서 남편이 아내를 내어 쫓거나 이혼하는 것을 허용하고 있습니다. 아내는 여기에 상응할만한 권리를 갖지 못하였습니다. 구약에는 이혼에 대해서 동의하지 않는 기록도 있습니다. 제사장이나 대제사장은 이혼한 자와 결혼할 수 없습니다(레 21:7,14). 말라기에서는 조강지처를 내어 쫓는 일을 하나님이 미워하신다고 하였습니다(말 2:16).

예수님은 "그러므로 하나님이 짝지어주신 것을 사람이 나누지 못할지니라"(마 19:6)고 하였습니다. 적어도 간음의 이유를 제외하고는 이혼을 인정하지 않으셨습니다(마 5:32, 19:9).

바울은 어떠한 이유가 있을지라도 이혼을 인정하지 않았습니다. 그는 마태복음의 예외 규정에 대해서 논의하지 않았고, 결혼의 영원성을 강조하였습니다.

(3) 사별자

성경에서는 사별자 특히 과부에 대한 많은 논의가 있습니다. 구약에 나오는 '과부'라는 단어의 어근은 '말문이 막히다', '할 말을 잃다', '말 못하다' 등을 뜻하는 '알람'(alam)이라는 단어입니다. 신약에서는 '체라'인데 '간격, 공백, 느낄 수 없는 거리'등의 뜻을 가지고 있습니다.

히브리 사회에서 미망인들은 열등한 위치에 있었습니다. 예를 들면 대제사장은 처녀와 결혼해야 하고 "과부나 이혼한 여인이나 더러운 여인이나 기생을 취하여"결혼하지 말도록 한 일입니다(레 21:13-14). 룻기는 과부의 어두운 면을 그렸고(룻 1:20-21), 이사야는 "과부 때의 치욕"에 대해서 언급하였습니다(사 54:4).

성경에는 과부의 수혼(嫂婚)에 대한 언급이 나옵니다(창 38:11). 여기에 대한 율법의 보장도 있습니다(신 25:5-10). 자녀가 없는 과부의 경우, 죽은 남편의 형제가 있다면 그는 과부된 여인을 위해서 아들을 낳게 하였습니다. 이것은 집안의 유산을 보호하기 위한 목적도 있지만 과부의 안녕과 복지도 고려된 것입니다.

과부의 권리 중에는 자녀가 없을 경우 자기 아비의 집으로 되돌아 갈 수 있는 혜택도 포함되었습니다(레 22:13). 또 재혼할 권리가 있는 것도 분명합니다(룻 1:9-13, 삼상 25:39-42, 겔 44:22).

과부를 보호하는 율법적 조치도 있었습니다(출 22:22). 하나님은 '고아와 과부를 위하여 신원하십니다'(신 10:18). 과부들도 하나님과 언약을 맺은 공동체의 일원이기 때문에 다른 모든 사람에게 주어진 동일한 은혜를 받을 수 있는 대상들이었습니다(신 14:29, 16:11,14).

신약에 와서 예수님은 과부들에 대해서 관심을 가졌고(막 12:40, 눅 20:47), 사도행전에는 예루살렘 교회에 있던 헬라파 과부들에게 특별한 주의를 기울였습니다(행 6:1).

바울은 고린도전서 7장에서 과부에 대하여 말하고 있습니다(39절, 40절). 디모데전서 5:3~16에는 과부에 대한 문제를 다루고 있습니다. "참 과부"에 대해서 말하고 교회의 도움을 받을 자격이 있는 사람을 규정하였습니다.

III. 독신자에 대한 교회의 관심

현대사회에서 독신자들의 수가 증가하자 교회들도 여기에 서서히 관심을 갖게 되었습니다. 그러나 교회의 관심은 지극히 소극적인 면이 많은데 그 이유는 독신자와의 관계에서 생기는 불필요한 오해를 피하기 위해서입니다.

교회들이 독신자를 위한 사역을 제대로 하지 못하는 데는 몇 가지 이유가 있습니다. 첫째, 인식의 문제입니다. 사회의 잘못된 통념이 교회 안에 들어와서 혼자 사는 사람은 하나의 과도기적 상태로 이해하거나 문제 있는 존재로 보는 경향이 있습니다. 둘째, 전문 사역자의 부족입니다. 이들을 돌볼 수 있는 훈련 받은 사역자가 있어야 하는데 그렇지 못한 것이 문제입니다.

또한 교회가 독신자들을 위해서 일할 때 가정사역의 차원이 아니라 구제 차원에서 일을 하는 경우가 많습니다. '고아와 과부를 돌보는'식의 사고방식으로 문제에 접근하고 있습니다.

우리나라에서 이혼자를 위한 프로그램을 실시하고 있는 곳으로는 서울의 한국가정법률상담소 교육원의 기러기 교실, 새출발교회(한국이혼자클럽), 부산의 홀로서기 복지상담소 정도입니다.

그 중에서 교회와 연관된 두 단체를 살펴봅시다. 새출발교회는 1988년 한국이혼자클럽으로 시작하였으나 신앙의 힘을 토대로 상처를 치유한다는 취지에서 새출발교회를 중심으로 모이고 있습니다.

이혼의 과정을 겪으면서 주위 사람들과 관계를 끊게 되고 점차 대인기피 증세를 보이는 이들에게 적극적인 자세로 살아갈 수 있도록 하는 프로그램을 실시하고 있습니다. 따라서 주로 친화 위주의 프로그램에 역점을 두고 있습니다.

부산 지역에서 활동하는 홀로서기 복지상담연구소는 기독교 산하기관으로 부부갈등 상담과 이혼자를 위한 모임을 통해서 이혼자들의 후유증 치료에 주력하고 있습니다. 이혼자뿐만 아니라 독신자, 미망인 등 사회로부터 자칫 소외되기 쉬운 사람들을 대상으로 상담을 통해서 홀로서기를 돕는다는 취지로 1990년 8월에 설립되었습니다.

　매주 토요일에 집단 상담시간을 마련하고 있으며, 첫째 토요일에는 미혼
자 모임, 둘째 토요일은 20~30대 이혼자 모임, 셋째 토요일에는 40대 이후
의 이혼자 모임, 넷째 토요일은 사별자 모임을 갖고 있습니다.
　이혼자들을 위한 프로그램으로는 상담을 통해서 이혼 이후의 재결합이
나 재혼을 서두르기 보다는 홀로 설 수 있다는 자신감을 갖도록 하는 데 중
점을 두고 있습니다.

제 12 장 가정을 위한 프로그램

우리들의 가정이 보다 역동적이고 활성화 되기 위해서는 특별프로그램이 필요합니다. 이것은 성숙한 크리스천 가정의 양육이라는 측면에서 매우 중요한 의미를 가집니다. 오늘의 시대에 가정생활이 변화되어야 하는데 이 변화를 위해서 각종 프로그램들이 실시되지만 그 결과는 미미합니다.

가정생활이 변화되려면 행동이 변화되어야 합니다. 죄악된 인간의 본성이 심각한 문제가 되고 있으며 이것이 근본적으로 변해야 합니다. 그러나 인간의 마음은 지금의 상태를 그냥 유지하려는 충동과 함께 현재를 답습하는 반복적인 삶의 형태를 만들어냅니다.

이러한 현실 속에서 교회와 가정사역자들은 가정을 위한 특별 프로그램을 개설하고, 가정생활 교육을 실시해야 합니다. 가정생활 교육은 삶의 태도, 가치관, 감정, 그리고 영적 면에서의 변화가 요구되며, 이러한 변화를 위해서는 시간이 필요하며, 하나님의 말씀을 바탕으로 한 바른 가르침이 있어야 합니다.

Ⅰ. 이상적인 가정의 모습

이상적인 가정이 되려면 다음과 같은 모습이 필요합니다.

1. 함께 사는 가족이어야 합니다.

인간이 가장 행복한 것은 임마누엘의 생활입니다. 즉 하나님과 함께 사는 것입니다. 요한 웨슬리는 언제가 가장 기쁘냐고 할 때 "하나님이 함께할 때"가 가장 기쁘다고 했습니다.

어린 아이들에게 가장 즐거운 시간은 부모와 함께 있을 때입니다. 어린이집이나 놀이방에서 장난감과 친구들, 선생님의 지도를 받으며 맛있는 음식을 나누어 먹다가도 엄마가 오면 장난감이고 친구고 다 버리고 엄마를 부르면서 달려나옵니다.

성인이나 어린 아이나 똑같습니다. 임마누엘, 이것은 "함께 한다"는 뜻입니다. 사람은 혼자 살게 되어 있지 않았습니다.

"사람이 독처하는 것이 좋지 못하다"(창 2:18)고 했습니다. 그래서 돕는 배필을 지어 함께 살게 했습니다. 사람을 창조하시고 하나에서 둘로, 둘이 한 몸(부부)이 되어 사랑의 열매로 자녀를 낳아 함께 살게 했습니다.

한 아이가 자랄 때, 나면서 엄마의 젖꼭지를 물고 모유를 빨며 엄마의 눈동자와 마주치면서 마음에 흐뭇한 기쁨을 품고 손으로 엄마의 젖가슴을 부드럽게 만질 때 전신에 느껴지는 포근한 감각은 그 아이로 하여금 전인적인 성장에 큰 영향을 줍니다.

그러나 나면서부터 플라스틱 젖꼭지를 물거나 우유를 빨며 자란 아이는 모유를 먹고 자란 아이에 비해 성격상 큰 차이가 있습니다.

이런 사실로 보아 결국 사람은 출생 시부터 사람과 더불어 함께 하는 것과 사람이 아닌 대체물로 대신하는 것과는 큰 차이가 있다는 것을 알 수 있습니다. 결국 인간은 인간과 더불어 함께 할 때 더 풍요롭고 값있는 삶을 살게 될 것입니다.

2. 대화하는 가정이어야 합니다.

사람은 대화를 통해서 살게 되어 있습니다.

제일 먼저 하나님과 대화(기도)를 해야 합니다. 하나님과의 대화는 성경 말씀을 듣고 그 말씀을 따라 행해야 합니다. 자기중심의 일방적 대화는 대화가 될 수 없습니다. 하나님과의 대화는 어떤 보고나 푸념이 아닙니다.

주기도문에 명시된 대로 하나님을 알고 자신을 알고, 영광이 되며 이웃을 용서하고, 사랑하는 마음으로 대화(기도)가 되어야 합니다. 하나님과의 대화에 막힘이 없으면 다음에는 인간과의 대화가 바르게 됩니다.

사람들은 대화를 인사나 체면상, 의무적으로 할 때가 많습니다. 그러나 진정한 대화는 마음과 마음이 통하는 진정한 교제가 이루어질 때만이 가능합니다.

3. 여가를 선용해야 합니다.

기계문명에 시달리는 인간은 스트레스에 시달린다. 이런 것을 테크노스트레스라고 합니다.

옛날에는 육체적 노동이나 정신적 노동으로 피곤해 했었습니다. 그러나 지금은 제 3의 역할인 기계라는 도구가 사람을 피곤하게 합니다. 컴퓨터가 일을 대신 해주지만 그 일을 하게 하는 것은 인간의 두뇌입니다. 뇌신경이 쉴 새가 없습니다. 그러므로 현대는 갈수록 피로해지고 질병도 계속 새로운 병들이 생기고 있습니다. 여기에서 가장 효과적인 피로회복의 처방은 약품이나 음식물보다 쉬는 것입니다.

하나님은 인간을 지으시고 낮에는 움직여 일하게 하고, 밤에는 쉬게 하였습니다. 또 6일간 일하면 7일 되는 날 안식하게 하였습니다. 얼마나 지혜롭고 현실적으로 맞는 방법입니까? 심지어 농사를 짓는 농토까지 안식년과

희년에는 쉬게 했습니다.

4. 그룹 여가선용이 필요합니다.

여가선용은 지친 몸과 마음을 쉬면서 다음 일을 위해 재충전을 하는 기회가 되게 합니다. 직장과 단체로 그룹을 형성하여 함께 마음을 터놓고 대화하며 운동, 게임, 여행을 하면서 여가를 즐길 수 있습니다.

그러나 이 여가선용을 무작정 잠이나 자고 집에 들어앉아 있으면 의미가 없습니다. 어느 정도 목적을 두고 해야 하고, 적절한 프로그램을 마련해야 합니다. 즉 견학을 통한 교육적인 여가나, 가벼운 운동이나 게임으로 몸을 푸는 것이나, 그룹들 간의 친교를 위한 모임이나, 여행 등입니다.

21세기의 첨단기술 문명은 사람을 피곤하게 만듭니다. 그렇기 때문에 가정단위, 개인, 그룹별로 육체적 건강과 사회적 분위기, 환경조성을 위해 여가선용은 아주 중요합니다. 열심히 일하고 즐겁게 쉬면서 교제하는 사회가 되어야 평화롭게 살 수 있습니다.

5. 자원봉사자가 되십시오.

21세기 사회는 관료적이며 권위의식의 지배시대가 사라질 것입니다. 모두가 지성인이요, 기능인인 사회가 되기 때문에 자연스럽게 민주화 사회가 됩니다.

그러나 민주화 사회의 약점은 모두가 개인의 권리와 보호를 받기 때문에 일반 사회에서 일어나는 가난이나 질병, 불의의 사고 등 사회에 부덕스럽거나 피해를 주는 사회 부조리 형태가 생길 때 국가 차원에서 합법적으로 처리하기 어려운 일들이 많이 생기게 됩니다.

21세기 사회는 자연자원 곧 천연자원이 자꾸 고갈되어 가고, 인간사회에는 예기치 못한 사건들이 잇따라 일어날 것입니다. 이런 때 요구되는 것은 국가차원에서 행정적 지원보다 국민들 스스로가 자원하여 봉사하는 자원봉사자가 필요하게 됩니다.

선진국이란 자연자원 못지않게 인간 공동체인 자원봉사자가 많은 국가를 말합니다. 가장 작은 일부터 보면 <교통정리 봉사자, 미화 봉사자, 자연보호 봉사자, 불우이웃돕기 봉사자, 재해대책 봉사자, 적십자 봉사자> 수없이 많은 봉사자가 요구됩니다. 결국 건강한 사회와 국력은 이런 자원봉사자가 많을수록 강해집니다.

6. 마을공동체 프로그램에 동참하십시오.

유대인들이 나라를 잃고 세계로 흩어져 디아스포라가 되었을 때 그들은 어느 곳에 가든지 함께 모여 사는 공동생활을 해왔습니다. 열 가정만 되어도 함께 모일 수 있는 시나고그(회당)를 짓고 그곳에 주기적으로 모여 종교의식과 교육을 시키며 공동체 의식을 지켜왔습니다. 그리하여 유대인은 나라 없이 2,000여 년 동안 세계에서 방황한 것입니다. 그러나 나라는 없어도 이스라엘 민족은 없어지지 않았습니다.

드디어 세계 전쟁이 끝나고 1948년에 독립하여 UN의 한 회원국가가 된 것입니다. 그런데 여기서 2천 년간 나라 없이도 그 민족이 유지될 수 있었던 것은 바로 회당 중심으로 살아온 공동체 생활 때문입니다.

우리 한국인은 세계로 흩어지면 잘 뭉치지도 않고 그 나라 지역 공동체에 잘 참여도 안 합니다. 1992년 L. A 흑인폭동 사건도 바로 이 지역 마을 공동체 의식이 없어서 생긴 것입니다. 즉 흑인 동네에서 돈을 벌어 백인지역에서 살면서 돈을 벌어주는 흑인사회에 도움이 안 되었기에 그런 일이 생긴 것입니다. 물론 다른 이유도 있겠지만 그러나 가장 큰 원인은 지역 마을 공동체를 외면하고 개인주의에 치우쳤기 때문이라고 볼 수 있습니다.

주님도 가나안 혼인잔치에 가셔서 그 잔치 집에 포도주가 떨어졌을 때 물로 포도주를 만들어 더 즐거운 잔치가 되게 하셨습니다. 또 주님은 "우는 자와 함께 울고 웃는 자와 같이 웃으라"고 하셨습니다.

II. 가정생활 세미나

1. 의미

가정생활 세미나 혹은 부부 세미나는 다양한 형태로 실시되고 있으며 각기 특성이 있습니다. 이 세미나들이 가지는 의미는 여러 가지이지만 중요한 몇 가지를 살펴봅시다.

(1) 일치에 있습니다.

오늘의 가정들은 현대 사회의 비인격적인 환경 속에서 가정의 일치감이 상실되고 있습니다. 부부 사이의 대화의 시간이 줄어들고, 부부의 역할은 강조되지만 부부의 관계에 대한 논의가 많지 못합니다. 이러한 현대 기술문명의 여파로 생기는 문제들을 극복하기 위한 하나의 시도가 가정생활 세미나입니다.

가정생활 세미나를 개최하는 여러 단체들이 특별한 목적과 특성을 가지고 있으나 이들이 추구하는 것은 일치합니다.

현대 사회의 특성이 역할과 기능에 중점을 두고 관계에는 많은 관심을 두지 않습니다. 이러한 현실 속에서 가정생활 세미나는 부부의 일치 그리고 가족의 일치를 도모하는 중요한 계기가 됩니다.

(2) 치유에 있습니다.

가정생활 세미나는 부부와 가족의 문화가 치유 받는 계기가 됩니다. 부부는 자신들의 태도와 상호작용에 변화를 일으킬 수 있는 연습을 하게 되고, 자신의 감정을 고백하고 서로의 문제점들을 이해하는 방향으로 나아갑니다.

　가정생활 세미나 프로그램들의 주된 목적은 가정의 치유에 있습니다. 남편과 아내 사이의 문제가 치유되고, 그것이 교회와 사회의 중요한 활력소가 되게 합니다. 그러므로 단순한 '수양회'가 아니라 치유를 위한 모임입니다.

　(3) 헌신에 있습니다.

　가정생활 세미나는 일치와 치유를 통하여 헌신을 하게 합니다. 하나님 앞에서의 가정의 존재 의의와 목적을 알고 여기에 따른 헌신의 역사가 필요합니다. 성경적 원리에 의하여 가정의 문제가 치유되고 역할 중심에서 관계 중심으로 가정의 방향이 재정립되면 가정구성원들은 하나님 앞에 헌신의 삶을 살게 됩니다. 그러므로 가정생활 세미나는 새로운 헌신을 위한 수련장입니다.

2. 진행

　가정생활 세미나가 일치, 치유 헌신이라는 목적으로 개최되었을 때 구체적인 목표로 자기이해, 관계성의 발견, 자신의 결혼이해라는 것이 설정됩니다. 가정생활 세미나는 홍보와 참여 독려 등 여러 가지 사전 준비가 필요합니다. 그러나 여기서 우리가 관심을 가지는 것은 구체적 진행의 문제입니다. 기본적인 사무적 준비는 길게 설명하지 않아도 다른 수양회와 차이가 없습니다. 문제는 구체적으로 어떻게 진행하느냐에 있습니다.

　(1) 나눔입니다.

　가정생활 세미나가 가장 중요하게 다루어야 할 것은 나눔입니다.
　부부가 서로의 성장배경과 감정을 나누어야 합니다. 이해와 용납을 위해서는 서로가 가지고 있는 것을 나누어야 하는데 이것은 일종의 커뮤니케이션입니다. 또 자신의 바람을 말하고 사랑을 표현하게 해야 합니다.

많은 부부들은 나눔의 훈련이 제대로 되어 있지 않아 부부의 사랑이 '주는 사랑'보다 '받는 사랑'에 집착하기 때문에 문제의 해결이 제대로 되지 않는 경우들이 많습니다. 나눔의 방법은 매우 다양하지만 가장 중요한 것은 말로 고백하게 하고, 글로 표현하게 하여, 행동으로 나타내게 합니다.

나눔에 있어서 서로의 일치점을 찾고, 한 걸음 더 나아가서 차이점을 분석하는 것은 중요한 주제입니다. 서로가 가지고 있는 생각과 감정들을 허심탄회하게 말하며 공동의 목표를 설정하고 이것을 향해 나아가는 지혜가 필요합니다.

(2) 평가입니다.

많은 부부들은 자신은 완전한데 상대방에게 문제가 있다고 생각하는 경우가 많습니다. 부부의 커뮤니케이션에 대한 분석과 평가가 제대로 되지 않고 일방적 권유나 관습에 의하여 문제를 풀어나가려고 합니다.

평가의 내용들은 매우 다양합니다. 그러나 중요한 것은 먼저 영적 문제부터 평가해야 합니다. 하나님과의 관계정립이 영적 성숙의 지름길이며 부부 사이의 문제해결의 첩경입니다. 하나님께서 자신들에게 주신 은혜를 나누며, 그들의 삶의 현장에서 역사하시는 하나님의 뜻을 분별하는 것이 무엇보다 중요합니다. 서로의 생각을 이야기한 후 손을 잡고 하나님께 기도하고, 다시 다른 문제를 이야기하고 기도하는 가장 간단한 방법을 통하여 일치와 치유의 길을 찾게 됩니다.

다음으로 육적인 문제를 논의해야 합니다. 성의 관한 문제, 경제적인 문제 등을 이야기하고 서로를 위해 기도하는 방법을 택해야 합니다. 중요한 것은 상대방을 평가하는 것이 아니라 자신을 평가하는 데 중점을 두어야 하고, 객관적인 평가 자료들을 활용해야 합니다.

가정생활 세미나는 강의에만 치중할 것이 아니라 나눔과 평가라는 과정을 거쳐서 서로의 문제를 논의하고 새로운 방안을 모색하는 노력이어야 합니다. 시간별 프로그램보다 전체의 윤곽이 바로 구성되고, 거기에 따른 노력들이 있어야 합니다.

3. 원리

가정생활 세미나가 하나의 유행처럼 되는 것을 경계하고 바른 원리에 따라 실시되어야 하는데 그 중요한 몇 가지를 찾아보면 다음과 같습니다.

(1) 성경적이여야 합니다.

많은 가정생활 세미나가 성경적이고 하나님 중심적이라기보다 자신의 경험이나 세속적 교양을 중심으로 하는 경우가 많습니다.

비록 자신의 경험을 말할지라도 성경적 원리가 지배해야 하고, 성경의 가르침을 바탕으로 해야 합니다. 그러므로 각종 성경공부를 프로그램 속에 넣는 것이 좋고, 성경에 대한 바른 해석학적 접근이 있어야 합니다.

(2) 자발적이어야 합니다.

이러한 프로그램은 강요에 의해서가 아니라 자발적 참여로 이루어져야 합니다. 이 프로그램은 성장과 성숙을 위하여 준비된 것이어야 하며, 참여하는 사람들이 자신의 문제를 진지하게 살펴보는 자세를 가지게 해야 합니다.

찰스 셀은 사랑의 관계에 대한 방해물로 다음과 같은 세 가지를 지적하였습니다. 첫째, 자연주의라는 사회통념입니다. 즉 우리의 본능을 따르므로 말미암아 누구든지 결혼생활을 해낼 수 있다는 것입니다. 둘째, 사적 비밀의 존중입니다. 결혼은 사적인 것이므로 결혼생활의 문제를 다른 사람에게 말하지 말라는 생각입니다. 셋째, 냉소주의입니다. 결혼이 신성하다고 생각하면서 진지하게 토론하지 않는 데서 옵니다.

이러한 장애들을 극복하고 하나님의 말씀을 토대로 한 자발적 헌신이 있어야 가정생활 세미나가 생동감 있는 모임이 될 수 있습니다.

(3) 실제적이어야 합니다.

이 세미나는 현장의 삶에서 얻어지는 실제적 문제들을 거론해야 합니다. 지도자들이 지나치게 형이상학적이거나 신학적인 문제에 집착하여 실제적인 문제를 간과하는 경향들이 있는데 이것을 극복해야 합니다. 하나님의 말씀을 삶의 현장에 적용할 수 있는 실제적 내용이어야 하고, 성경의 가르침을 표준으로 해야 합니다. 지나치게 규칙을 강조하다가 율법주의에 빠지기 쉬우므로 이러한 어려움을 이기기 위해서 말씀 중심의 내용이 가르쳐져야 합니다.

(4) 지속적이어야 합니다.

가정생활 세미나는 일회적으로 되는 것이 아니라 지속적으로 이루어져야 합니다. 참석자들을 지속적으로 육성하는 방안을 강구하고, 프로그램도 계속성을 띠게 해야 합니다. 배타적 자세를 버리고 개방적 성격을 가지므로 새로운 가정운동이 되게 해야 합니다.

III. 가정학교

이 홈스쿨 운동은 1970년대 미국 서부지역(오리곤 지역)에서부터 시작하였습니다. 우선 자녀들이 학교에 가서 좋아지는 것보다 더 나빠지는 것을 발견하고, 부모들이 자녀를 바르게 기르기 위해 가정에서부터 지도하고 가르쳐야겠다고 해서 시작된 것입니다.

또 어린 자녀들이 나가서 많은 정신적 불안, 공포심을 갖게 되는 문제들이 나왔습니다. 한국에서도 유괴범이 많아져 자녀를 함부로 길에 내보낼 수 없게 되었습니다. 부모가 항상 붙어 다녀야 하는 일들입니다.

이런 것은 현대 사회의 양상입니다. 대도시, 농촌 할 것 없이 모두 마찬가지입니다. 유괴범이나 성폭행 같은 일은 도시뿐만 아니라 농촌의 한적한 곳에서도 자주 일어나고 있습니다. 따라서 이제는 어디고 자녀를 기르는 데 안전한 곳이 없어졌습니다. 또한 학교 교실은 콩나물 교실이 되어 학생들이 선생과의 인격적인 관계를 맺기 어렵습니다. 따라서 인간성과 학업에 지장이 오고 있습니다.

이와 같이 불안한 사회와 불충분한 학교생활은 어린 자녀들의 인격성장과 지식발달에 문제가 되어 부모들이 모여 연구한 결과 이제 자녀를 학교에만 맡겨서는 좋은 자녀가 될 수 없다고 판단하여 부족한 것을 몇 가정(4~5가정)씩 팀이 되어 일정한 시간에 전문지식을 가진 부모들이 정한 가정에 모여 지도하고 있습니다.

하나님은 아브라함 한 사람을 택해서 구속사를 진행하셨습니다. "아브라함과 다윗의 자손 예수 그리스도의 세계라"(마 1:1). 주님은 12제자를 택해서 복음의 사역을 위임하셨습니다. 그리고 초대교회는 120문도의 뜨거운 오순절 역사를 이루고, 그들이 초기 기독교 복음을 지중해 연안에 전파했습니다.

우리는 하나님께서 지금도 소수를 통해 역사하심을 믿고 가정 목회, 가정학교 운동을 해야 합니다. 그렇다고 교회를 떠나는 것은 절대 아닙니다. 오히려 가정이 100% 인가귀도 되고 복음화 되어야 교회가 바르게 부흥되는 것입니다.

이처럼 갈수록 각박해져 가는 21세기 기계문명 속에서 올바른 자녀와 행복한 가정을 만들기 위한 기독교 가정학교 운동이 바람직합니다.

이 프로그램은 4~5가정들이 일주일에 한 번이나 두 번 정도 모여(매월 주간 기획을 세울 것) 간단한 예배형식의 기도회를 마치고 우선 아이들과 그 주간에 학교에서 있었던 일들을 자유롭게 대화합니다. 그러고 나서 부족했던 학과를 지도 부모에게 교육을 받은 후 다시 배운 것을 재확인하고 아이들이 만족해하면 그날의 모임은 마칩니다.

가정학교 시간표

(초등학교용)

시 간	과 목	교 사	보충교재	다음준비
10 분	기도회			
20 분	대 화			
40 분	학 과			
10 분	휴 식			
40 분	학 과			
20 분	정 리			

이 시간표를 형편에 맞게 조절해서 사용할 것

단 가정학교에도 담당자(코디네이터)가 있어야 합니다. 또 가정은 서로 절친한 가족끼리 모임이 좋겠습니다. 간혹 가다 보면 공연한 오해나 불편이 생길 수 있기 때문입니다. 그러나 같은 처지로 자녀를 기르는 부모로서는 서로 너그럽게 이해하고 협력하는 것이 좋겠습니다.

이것은 자녀를 위해 모이지만 사실은 성인 부모들은 좋은 친교가 되고 공동체 의식을 가지며 지역사회 공동체에서도 많은 역할을 감당하게 될 것입니다. 교육이란 학교 선생, 학생, 부모(T.S.P) 삼자가 함께 해야 되는 것입니다. 이렇게 가정학교 운동은 바람직한 것으로 봅니다.

오늘의 시대는 급변하고, 많은 사람들이 레저붐에 휩싸이고 있습니다. 크리스천들도 휴가철이 되면 가족과 함께 휴가를 가는 데 여기에 대해서 교회는 속수무책입니다.

이러한 실정에서 가정을 위한 특별 프로그램을 개발한다면 현대 사회에서의 다양한 문화 접근을 시도할 수 있고, 사회 속에서 기독교 문화 형성이 가능하리라고 봅니다. 크리스천들의 삶의 문화가 교회라는 공간에 제한되지 않고 보다 현실적인 방안으로 이루어지리라고 봅니다. 그리하여 교육을 통해서 크리스천의 잠재력과 가능성을 결집하고 개발할 수 있게 됩니다.

Ⅳ. 가족 캠프

가정을 위한 특별 프로그램으로 시도해 볼 수 있는 것이 가족캠프입니다. 휴가가 보편화되고 있는 때에 휴가철에 실시할 수 있고, 가족들 간에 다양한 인간관계를 체험하는 기회가 됩니다. 교회 안에서의 프로그램 보다 캠프장이라는 옥외의 특성을 살려서 특성 있는 기회로 만들 수 있습니다.

1. 가치가 있어야 합니다.

캠프라고 하면 학생들이나 청년들만이 하는 것으로 생각할 수 있으나 가족캠프는 가족 공동체가 효율적으로 참여하며 새로운 경험을 하게 합니다. 캠프의 중요한 가치를 살펴봅시다.

(1) 자연과의 접촉

복잡한 도시 속에서 매연과 교통난 그리고 아스팔트라는 살벌한 분위기에서 벗어나 그래도 덜 오염된 자연 속에서 하나님의 창조 역사를 체험하게 됩니다. 농어촌까지 오염되어 가고 있는 오늘의 현실에서 하나님이 창조하신 '환경 보호'라는 체험을 할 수 있게 됩니다.

평소와 다른 환경 속에서 새로운 체험을 통해서 하나님의 세계를 바라보는 눈이 열리고 하나님의 위대한 손길을 느낄 수 있는 중요한 계기가 됩니다. 그래서 자연 앞에서 더욱 순수하고 겸손한 인간의 모습을 깨닫게 됩니다.

(2) 영적 체험의 기회

가족끼리 같은 텐트에 머물고, 이웃과 더불어 하나님의 은혜를 찬양하는 것은 영적 체험의 중요한 계기가 됩니다. 자연을 통하여 말씀하시는 하나님의 은혜를 체험하며, 마치 이스라엘 백성의 초막절 체험과 같은 귀한 기회를 경험하게 됩니다.

(3) 가족 공동체의 단결

복잡한 일상을 벗어난 가족들이 함께 생활하며, 식사를 준비하고, 피부를 맞대며 살아가는 중요한 기회를 가집니다. 늘 TV 앞에서 대화를 잃어버린 사람들이 가족 공동체의 생활을 통하여 서로 아끼고 도와가는 체험을 합니다. 이것은 가족의 정체감을 증진시키고 가정을 우리의 삶의 근거지로 여기는 마음들을 심어줍니다. 가족이 무엇이며, 가족이 어떻게 살아야 하느냐란 문제에 대한 구체적 응답이 체험적으로 나오게 됩니다.

(4) 인간관계의 훈련

참여한 여러 가족들과의 인간관계가 형성되고 다른 계층의 경험들을 자신의 것으로 하는 기회가 됩니다. 하나님을 정점으로 다른 가족과의 관계 형성은 서로의 성장을 격려하는 계기이며, 하나님의 형상으로 지음 받은 동료 인간과의 사회성 형성의 훈련이 됩니다.

2. 특성이 있어야 합니다.

캠프가 가정사역의 하나로 활용될 수 있느냐라는 점은 많은 논란이 되기도 합니다. 그러나 분명한 것은 캠프를 가정을 위한 프로그램으로 활용할 수 있다는 점입니다.

캠프의 특성은 접근 방법에 있어서 대집회 중심의 방법과 관계 중심의 방법으로 나눌 수 있는데 이것을 도표화하면 다음과 같습니다.

대집회 중심의 방법	관계 중심의 방법
가족이 다른 숙소에서 머물지 않는다.	가족이 같은 숙소에 머문다.
운동과 인도자에 의해 진행되는 오락	옥외에서의 경험
계획성 있고 시간의 여유가 없음	비공식적인 계획, 시간의 여유가 있음
프로그램 책임자에 의해서 계획됨	단위별로 계획됨
직원들이 음식을 마련하고 여러 일들을 맡는다.	캠프 참석자들이 음식을 준비하고 여러 일들을 맡는다.
대집회로 모여 강사가 강의를 한다.	소그룹으로 모여 인도자가 모임을 이끈다.
편리한 시설	시설이 불편하다.(좀 더 자연적인 환경)
프로그램에 의해서 계획된 경험을 한다.	생활과 연관된 경험을 한다.

두 가지 모두 특성을 가지고 있으나 교회의 성격과 형편에 따라서 어느 하나를 채택하면 매우 좋을 것입니다.

3. 형태를 생각해야 합니다.

가족캠프의 형태는 여러 가지이며 그 특성은 다양합니다. 그러나 한국에서 실시할 수 있는 몇 가지 형태를 살펴보려고 합니다.

(1) 집회 중심의 캠프

기도원이나 수양관에서 가족들이 천막을 치고 함께 거주하면서 집회에 참석하고, 또 가족단위의 시간을 갖는 캠프입니다. 우리나라에서 많이 실시되는 형태인데 장소 설정, 집회의 성격, 시설의 관리 등이 다른 것에 비하여 쉬우나 각 가정별로 시간을 갖는 데는 어려움이 있습니다.

이미 형성된 수양관이나 기도원이기 때문에 여러 가지 편의시설들이 있어서 활용하기에 매우 편리하고, 참가자들이 전체 프로그램에 따르면 별다른 문제가 없다는 장점이 있습니다.

(2) 소규모 가족 캠프

교회안의 어느 계층들을 중심으로 이루어지는 캠프인데, 참석 가정이 소규모이기 때문에 가족의 정체감 증진이나, 인간관계 훈련에 유익하지만 프로그램 진행이 미비하고, 다양한 강좌들을 가질 수 없고, 시설이 빈약하다는 약점이 있습니다.

(3) 절충식 캠프

앞에서 말한 두 가지 캠프의 특성을 절충하여 집회를 정규적이고, 효과적으로 하면서, 가족 단위의 프로그램을 강화시키는 방법입니다. 어느 바닷가 해수욕장에 대형 텐트를 치고 그 주변에 가족 텐트들로 하나의 텐트촌을 형성하는 방안을 강구한다면 좋을 것이라고 봅니다.

*
그리스도인의 행복한 가정생활

*
초판1쇄 - 2007년 3월 10일

*
지은이 - 최 정 성
펴낸이 - 채 주 희
펴낸곳 - 엘맨출판사
*
서울시 마포구 합정동 433-62
출판등록 - 제10-1562호(1985.10.29)
*
Tel. / 02-323-4060
Fax / 02-323-6416
e-mail / elman1985@hanmail.net
*
잘못된 책은 바꾸어 드립니다.
무단복제를 금합니다.
*
값 9,800원